# Questions and Answers
## Astronomy

智慧百科丛书

# 神秘的星空
# 探索天文之谜

U0781269

[美]查尔斯·刘 著

宋 涛 译

上海科学技术文献出版社
Shanghai Scientific and Technological Literature Press

**图书在版编目（CIP）数据**

智慧百科．神秘的星空：探索天文之谜／（美）查尔斯·刘著；宋涛译．—上海：上海科学技术文献出版社，2025．—ISBN 978-7-5439-9316-7

Ⅰ．Z228：P1-49

中国国家版本馆 CIP 数据核字第 20242YQ167 号

THE HANDY ASTRONOMY ANSWER BOOK, 2nd Edition by Charles Liu, Ph.D.
Copyright © 2008 by Visible Ink Press®
Published by arrangement with Visible Ink Press c/o Nordlyset Literary Agency
through BARDON CHINESE CREATIVE AGENCY LIMITED
Simplified Chinese translation copyright © 2025
by Shanghai Scientific & Technological Literature Press
ALL RIGHTS RESERVED

图字：09-2024-0425

责任编辑：张雪儿
封面设计：留白文化

神秘的星空：探索天文之谜
SHENMI DE XINGKONG: TANSUO TIANWEN ZHIMI
[美]查尔斯·刘　著　宋　涛　译
出版发行：上海科学技术文献出版社
地　　　址：上海市淮海中路 1329 号 4 楼
邮政编码：200031
经　　　销：全国新华书店
印　　　刷：商务印书馆上海印刷有限公司
开　　　本：787mm×1092mm　1/16
印　　　张：8.25
字　　　数：145 000
版　　　次：2025 年 4 月第 1 版　2025 年 4 月第 1 次印刷
书　　　号：ISBN 978-7-5439-9316-7
定　　　价：38.00 元
http://www.sstlp.com

# 目录

# 第❶章
## 空间计划

### "空间探索"中的"空间"是什么意思?

在空间探索的语境下,美国国家航空航天局正式将"外层空间"定义为地球表面以上100千米的任何区域。这与天文学上对"空间"的定义大相径庭。根据广义相对论,天文学上的"空间"指的是宇宙中物体所处的可弯曲的三维结构。

## 火　　箭

### 航天器是如何被送入太空的?

到目前为止,火箭是唯一能够将物体从地球送入太空的工具。火箭是一种携带推进剂的运载系统。通过燃烧推进剂产生大量气体,然后作为废气从火箭尾部排出。根据牛顿第三运动定律,火箭会被废气向前推动。

大多数运载火箭由一系列逐级变小的火箭组成,一枚叠在另一枚之上。最大最重的火箭提供的推力最大,一旦它们的燃料耗尽,就会与较小的火箭分离,这些较小的火箭此时需要的推力要小得多。通过这种逐级减少运载火箭质量的方式,有效载荷(通常是航天器或卫星)可以达到足够快的速度,从而进入太空、进入轨道,或逃离地球引力,前往外层空间或天体。

### 20世纪以前,火箭是如何发展的?

大约公元160年,古希腊数学家希罗制造了一种旋转的球形装置,由蒸汽驱动。这一装置的原理和火箭相似，首次展示了利用热气排放推进物体的创意。真正的火箭最初是由中国人发明的。中国人在9世纪发明了第一种固体推进剂——火药。13世纪，中国人会在庆祝仪式上发射简单的焰火，在战争中应用原始的火药武器。这些精度低、射程短的装置是由硝酸钾（硝石）、木炭和硫黄的混合物驱动的。它们最终传遍了欧亚大陆。

从18世纪开始，火箭逐渐成为有效的战争武器。当时法国军队率先使用火箭，尽管主要用于焰火表演。然而，在18世纪90年代，印度士兵在多次战役中用火箭击败了英军。这些火箭重约5千克，固定在锋利的竹竿上，射程可达一两千米。虽然这些早期的火箭单个来看精度很低，但大量火箭向大型目标发射时，就是一种令人畏惧的武器。1804年，英国陆军军官威廉·康格里夫研制出了射程几乎可达3千米的火箭。

## 谁是设计飞往太空的火箭的先驱？

俄国工程师康斯坦丁·齐奥尔科夫斯基、美国科学家罗伯特·戈达德和德国物理学家赫尔曼·奥伯特通常被认为是现代航天火箭的三位主要先驱。尽管这三位从未合作过，但他们各自的努力最终促成了20—21世纪国际空间计划的诞生。

## 康斯坦丁·齐奥尔科夫斯基对火箭做出了哪些重要贡献？

在莱特兄弟于1903年首次驾驶动力飞机飞行之前，康斯坦丁·齐奥尔科夫斯基早已开始了对空中旅行的实验。他制造了俄国的第一个风洞，以研究飞机飞行时的气流。1895年，他提出了太空旅行的想法，并在3年后概述了科学家至今仍在使用的基本火箭技术和太空旅行概念。齐奥尔科夫斯基是一位真正的先驱，他在这一领域远远领先于其他科学家。例如，他写道，太空中的人类只有在提供氧气的密封舱内才能生存。1903年，他发表了一篇题为《利用反作用装置探索宇宙空间》的文章，详细阐述了他关于火箭推进技术和液体燃料使用的想法。

## 罗伯特·戈达德对火箭做出了哪些重要贡献？

罗伯特·戈达德从小就对太空旅行和火箭技术表现出浓厚的兴趣。1919年，他发表了一部关于火箭技术的经典著作《达到极限高度的方法》，其中他提出了火箭最终到达月

1932 年，在墨西哥进行的一次火箭测试中，罗伯特·戈达德博士（右上角内嵌小图）展示了他设计的陀螺仪。戈达德博士拥有液体火箭推进剂和多级火箭的专利权。他预言火箭将被用于月球旅行，并研制出了飞行高度达到 2 千米的火箭。

球的可能性。经过一系列的实验和失败，戈达德于 1926 年成功发射了世界上第一枚液体推进剂火箭。这枚重 4.5 千克的火箭发射于马萨诸塞州奥巴恩的一片卷心菜田，上升了 12.5 米，飞行距离 56 米。在接下来的 20 年里，他极大地推动了火箭技术的发展，研究出了从点火和燃料系统到制导控制和降落伞回收等火箭飞行各阶段的系统。1930 年，戈达德在新墨西哥州的罗斯威尔建立了世界上第一个专业的火箭试验场，并成功地将火箭发射到了 2 千米的高度。美国国家航空航天局的戈达德太空飞行中心就是以这位火箭技术先驱的名字命名的。

## 赫尔曼·奥伯特对火箭做出了哪些重要贡献？

赫尔曼·奥伯特出生于奥匈帝国的特兰西瓦尼亚（位于今罗马尼亚），在青少年时期就制造了他的第一枚火箭。他在德国接受了高等教育；在博士论文中，他撰写了关于火箭技术的数学理论和太空飞行需要考虑的因素。这篇论文《飞往星际空间的火箭》被他的德国导师驳回，但后来经过修订和扩充，1929 年改名为《通向航天之路》出版。奥伯特一生致力于研发固体推进剂火箭和登月飞行器。

## 普通的火箭发动机是如何配置的？

火箭装有燃料和氧化剂（这是燃烧所必需的两个要素），二者可以迅速混合，因此会迅速燃烧甚至爆炸。所产生的炽热、膨胀的气体在排出时必须得到控制，包括排出量和方向。火箭尾气的排放是火箭发射的关键，尾气通过一端的喷管排出，从而产生强大推力，使火箭向上和向前移动。

## 火箭发动机是如何得到动力的？

大多数火箭使用液体推进剂，即液体燃料和液体氧化剂的混合物。这两种物质分别储存在火箭的不同储罐中。它们进入燃烧室后混合并被点燃，产生推动火箭所需的能量。典型的液体燃料包括乙醇、煤油、肼和液氢，典型的液体氧化剂包括四氧化二氮和液氧。

有些火箭不使用液体推进剂，而使用固体推进剂。在这种情况下，氧化剂和燃料本就混合在一起，处于休眠的固体状态。当混合物被点燃时，所有推进剂都在一次受控的燃烧中被消耗掉。固体推进剂火箭通常比液体推进剂火箭有更大的推力，而且它们重量更轻、设计更简单，并且几乎没有活动部件。不过，液体推进剂火箭可以开关，而且推力大小可以精确控制，以便完成精细的机动操作。

## 当今一般的火箭有多强大？

当今的火箭在体积、质量和运载能力方面都不尽相同。根据要送入太空的有效载荷，我们会选择不同的火箭。用于向空间站或其他低轨道目的地发送补给或其他小型载荷的典型火箭包括"联盟-佛盖特号"系统，在发射台上高约 35 米，满载燃料时重约 300 吨，起飞时可产生约 360 吨的推力。用于发射探测宇宙飞船（如"信使号"水星探测器、"卡西尼号"土星探测器和"火星探险漫游者"）的系统包括"德尔塔 II 型"火箭，该火箭高约 35 米，起飞时可产生约 450 吨的推力；以及"阿特拉斯 V 型"火箭，该火箭高约 58 米，起飞时可产生高达约 900 吨的推力。著名的液体推进剂火箭"土星 5 号"，设计初衷是搭乘"阿波罗号"，完成登月任务。每一枚"土星 5 号"都配备 5 台 F-1 发动机，每台发动机都能产生超过 680 吨的推力；加起来，"土星 5 号"能产生约 3 400 吨的推力。

## 目前有哪些活跃的航天机构？

目前最活跃的航天机构包括俄罗斯联邦航天局，其主要发射场是哈萨克斯坦的拜科努尔航天发射场；美国国家航空航天局，其主要发射场位于佛罗里达州的卡纳维拉尔角；欧洲航天局，其发射场位于法属圭亚那的库鲁；日本宇宙航空研究开发机构；中国国家航天局于 2003 年 10 月 15 日从酒泉卫星发射中心，成功地将第一位中国航天员发射进入太空，从而加入世界航天大国的行列。

# 人造卫星和宇宙飞船

## 人造卫星和宇宙飞船正常运行需要哪些条件？

人造卫星或宇宙飞船发射升空之后，它们仍然需要一个推进系统来移动或转向，一个通信和遥测系统来发送数据、接收指令，以及一个电力系统来供电。这些系统的设计和运行方式会根据航天器的有效载荷而有所不同。

## 人造卫星和宇宙飞船是如何在太空中飞行的？

一旦进入太空，只需要很小的力就能改变航天器的运动，无论是加速减速，还是改变方向和姿态。通常，小型的火箭发动机（常被称为推进器）就足够了。然而，即使是小型火箭推进器，时间长了也需要大量燃料，这会加重航天器的重量并降低有效载荷。现在，航天器设计师正在开发新技术，如离子推进器。

## 离子推进器是如何工作的？

离子推进器利用磁场而不是化学燃烧来产生推力。少量气体（通常是重元素，如氙气）被注入包含一系列电磁线圈的电离室中。电源为线圈供电，由此产生的电磁力将电离室内气体中的正负粒子分离，产生离子和自由电子。然后，利用强大的电场将这些荷电粒子加速到极快速度，并从电离室的后面推出。它们向后运动，产生向前的推力。

位于加利福尼亚州帕萨迪纳的美国国家航空航天局喷气推进实验室正在测试一台氙离子发动机。

## 离子推进器有多强大？

与一般的依靠化学燃烧推进的火箭相比，离子推进器产生的力很小。目前航天器上的离子推进器在满功率运行时产生的推力，甚至还不如一个孩子用手推动玩具车时的推力。但离子推进器的效率非常高，即使在满功率运行时，消耗的燃料也很少。因此，它们可以使用数年，并且一次可以连续工作数天、数周甚至数月。

## 一般的航天器靠什么供电？

对于大多数在火星轨道内运行的人造卫星和宇宙飞船来说，使用太阳能电池板是获得电力的最简单方式。太阳能电池板将阳光转化为电能，然后将电能储存在电池中，供航天器进行各种耗电的活动。然而，在距离太阳几亿千米之外的地方，太阳能电池板的效果并不好，因为阳光太弱了。对于那些更远的任务，比如"伽利略号"木星探测器、

"卡西尼号"土星探测器和"旅行者号"航天器，一直使用的是一种叫作放射性同位素热电发电机的电源，效果很好。

## 放射性同位素热电发电机是如何工作的？

放射性同位素热电发电机并非太空中的核电站。它们是被屏蔽得严严实实的容器，内部装有数千克放射性同位素，如钚-238，并包含将同位素放射性衰变所释放的热量转化为电能的设备。例如，"卡西尼号"上就搭载了 3 个放射性同位素热电发电机单元，每个单元最初都装有大约 8 千克钚-238，并产生了约 300 瓦特的电能。

## 空间中的核电站有什么价值？

放射性同位素热电发电机依靠放射性同位素衰变，在几十年内能产生几百瓦电力，而航天器上的核反应堆可以通过核裂变有效地为航天器提供几乎无限期（至少几个世纪）的电力。这种能源供应可以为太空中的长途旅行提供动力，包括前往其他行星系的星际旅行，为离子推进器和所有系统供电。如果宇宙飞船上载有人类，核反应堆还可以为生命维持系统、水和空气净化系统以及水培农业的"生长灯"提供能量。

## 今天的航天器上有核电站吗？

目前没有任何正在运行的人造卫星或宇宙飞船搭载核反应堆。20 世纪末，苏联发射了一系列装有小型核反应堆的军用卫星。然而，其中一些卫星差点酿成了灾难。例如，1977 年 9 月发射的"宇宙 954 号"卫星，在 1978 年 1 月 24 日再入大气层并坠毁在加拿大北极地区，一大片土地都被放射性物质污染了。回收时，一些碎片仍在释放致命剂量的辐射。幸运的是，没有人因此丧生或受伤，但清理受污染地区花费了几个月的时间。另一艘苏联航天器，即 1982 年 8 月发射的"宇宙 1402 号"也经历了同样的命运，于 1983 年 1 月 23 日坠落到地球上。幸运的是，这次再入大气层发生在印度洋的偏远海域，人们从未发现任何碎片。

今天，出于安全考虑，人们不再发射搭载核反应堆的航天器升空。然而，对于执行远离地球的深空任务的航天器来说，使用核动力仍然是一个非常有吸引力的想法。挑战在于，即使发生灾难性的故障，也要确保我们的星球和人类不会面临风险。20 世纪 60 年代，美国开始了一个名为 NERVA（Nuclear Engine for Rocket Vehicle Application，火箭飞行器用核发动机）的核动力火箭发动机项目，但该项目于 1972 年被取消。

## 人造卫星的历史

 ### 第一个绕地球轨道运行的人造天体是哪个？

1957 年 10 月 4 日，苏联将第一颗人造卫星送入地球轨道。它被称为"斯普特尼克 1 号"，"斯普特尼克"（Спутик）在俄语中意为"卫星"。"斯普特尼克 1 号"在太空中待了 3 个月，每 96 分钟绕地球一周，速度接近 2.8 万千米 / 小时。苏联的成功让美国工程师和公众都感到惊讶，并引发了当时两个敌对的世界超级大国之间的"太空竞赛"。

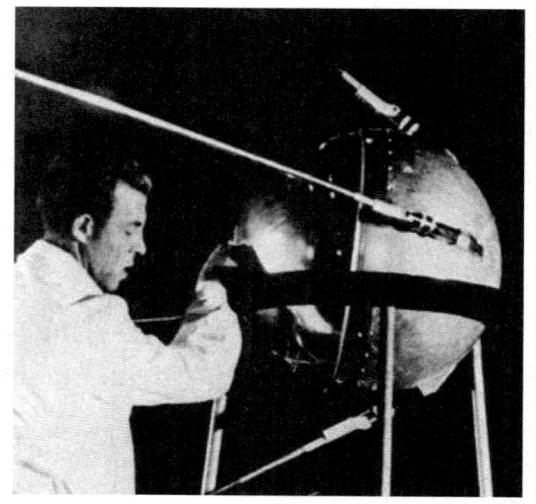

1957 年 10 月 4 日，苏联成功发射了第一颗人造卫星"斯普特尼克 1 号"。

 ### "斯普特尼克 1 号"卫星是什么样的？

"斯普特尼克 1 号"是一个直径 58 厘米、重 83 千克的钢球。其表面附着有 4 根灵活的天线，长度从 201 厘米到 238 厘米不等。"斯普特尼克 1 号"在 2 个频率上传输无线电信号，并收集了有关电离层和外层空间温度的重要信息。

### 美国发射的第一颗人造卫星是哪颗？

当 1957 年"斯普特尼克 1 号"发射升空时，美国的空间计划几乎已经准备就绪。受"斯普特尼克 1 号"成功发射的刺激，美国政府着急了起来，于 1957 年 12 月 6 日匆忙发射了第一个轨道飞行器，名为"先锋号"。但发射失败了：携带卫星的火箭在离地几米高的地方就起火了。次月，即 1958 年 1 月 31 日，在位于亚拉巴马州亨茨维尔的马歇尔空间中心，沃纳·冯·布劳恩领导的团队使用"木星–C"火箭成功将美国第一颗卫星"探险者 1 号"送入轨道。

**"探险者 1 号"卫星是什么样的？**

"探险者 1 号"是一颗形状像子弹的人造卫星，长约 2 米，重 14 千克。它由艾奥瓦大学的太空科研先驱詹姆斯·范艾伦设计。它不仅搭载了用来测量地球高层大气温度和密度的仪器，还配备了一个辐射探测器，发现了围绕地球的辐射环，这些辐射环今天被称为范艾伦带。"探险者 1 号"在轨运行至 1967 年，为我们提供了关于近地外层空间的宝贵科学数据。

 **太空竞赛时代还发生了哪些重大事件？**

继"斯普特尼克 1 号"和"探险者 1 号"之后，苏联和美国继续发射卫星。美国的"先锋"计划进行得不太顺利，在 11 次尝试中仅发射成功了 3 次。而"探险者"计划则更为成功：1958—1984 年，共发射了 65 艘"探险者号"航天器，这些航天器从太空中对地球拍摄了大量翔实的照片，收集了关于各种太空现象的数据，包括太阳风、磁场和紫外辐射。与此同时，"斯普特尼克"计划也在继续，1957—1960 年进行了 4 次发射。

 **第一批进入太空的狗分别叫什么名字？**

"斯普特尼克 2 号"带着一条名叫莱卡的狗升空。不幸的是，莱卡死在了太空中，因为苏联空间计划没有打算让航天器和其乘客安全返回。"斯普特尼克 5 号"则带着两条狗（别尔卡和斯特列尔卡）以及一些鼠类、植物等升空。当航天器返回地球时，所有的动物都在第二天被安全找回。

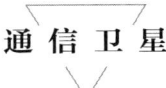

**通 信 卫 星**

 **谁第一个构想出通信卫星的概念？**

使用绕地卫星进行通信的想法最初是由英国科幻作家阿瑟·C. 克拉克提出的。1945 年，他提出利用 3 颗绕地卫星来构建国际通信系统。然而，要使这一想法成为现实，科学家们必须克服重重技术障碍。卫星及其搭载的设备必须能够承受极端的冷热环境，其电源供应必须能够持续数年而无需更换。还有一个大问题：如何将这种通信设备送入轨道？

## 第一批通信卫星有哪些？

人类发射的第一颗人造卫星——"斯普特尼克1号"就具备通信能力。它能够以2个频率传输无线电信号，在轨道上运行了大约3个月。

第一颗长期运行的通信卫星是"回声星1号"，于1960年发射升空。它由贝尔电话实验室的约翰·R. 皮尔斯开发，有一层铝制涂层，充满气体，直径达31米。它被放置在低轨道上，被动地把通信信号反射回地球，而无需任何主动传输。它的继任者"回声2号"从1964年工作到1969年。

第一批主动传输信号的通信卫星是美国电话电报公司开发的"电星"和美国国家航空航天局开发的"中继"。"电星"于1962年发射升空，实现了美国缅因州和英、法两国之间的电话通信和电视广播传输。"电星"和"中继"共同展示了多卫星通信系统在全球远距离传输中的潜力。

## 国际通信卫星组织是什么？

出于对一套全面、共同所有、共同运营的卫星通信系统的需求，1964年8月20日，11个国家成立了国际通信卫星组织。1965年4月6日，该组织的首颗卫星"晨鸟号"发射升空，这是世界上第一颗商用通信卫星。"晨鸟号"卫星是一个金属圆柱体，高1.5英尺（约0.5米），宽2英尺（约0.6米），周围环绕着一圈太阳能电池板。它可以同时处理240条电话线路或1个电视频道的信号。多年来，越来越多的国家加入了该组织，并发射了更多卫星。2001年，国际通信卫星组织成了一家私营公司，即国际通信卫星有限公司。如今，该公司继续通过其50多颗卫星提供卫星通信服务。

## 全球定位系统是什么？

如今，有数百颗卫星在地球轨道上运行，其中许多是通信卫星，负责在全球范围内传输电话、音频、电视和其他电磁信号。全球定位系统是最知名的通信卫星系统之一，即GPS。该系统由24颗卫星组成，这些卫星在距离地球约19 300千米的高度上，以11 260千米／小时的速度绕地球运行。通过同时从多颗卫星接收通信信号，无论GPS接收者位于地球的何处，都可以被精确地定位，误差仅有几米。全球定位系统由美国政府维护，耗资巨大，然而，该系统的经济和社会效益远远超过了维护费用。

# 太空中的人类先行者

## 谁是进入太空的第一人？

苏联宇航员尤里·加加林是进入太空的第一人。他在伏尔加河畔的萨拉托夫工业技术学校读书时，加入了飞行俱乐部并成为业余飞行员。在一位教官的推荐下，加加林于1955年被奥伦堡航空军事学院录取。1957年11月7日，加加林以优异的成绩毕业，并被授予中尉军衔。随后，他前往北极地区，接受战斗机飞行员训练。受到1959年苏联"月球3号"卫星成功绕月飞行的鼓舞，他申请加入第一批宇航员行列，并获得了批准。此后1年多的时间，他一直参与航天飞行的测试和训练。

1961年4月12日，加加林乘坐苏联的"东方1号"宇宙飞船进入太空。他的太空之旅持续了108分钟，"东方1号"绕地球飞行1周后返回。在太空舱距离地面约2英里（约3.2千米）时，加加林跳伞降落，成为全世界的英雄。

这次具有历史意义的飞行之后的5年里，加加林忙于出席各种公开活动，参与政治活动，执行行政任务，以及训练下一批宇航员。1966年，他开始为另一项太空任务做准备，这次的宇宙飞船是"联盟号"。"联盟号"于次年起飞，不幸的是，飞船上的宇航员弗拉基米尔·科马罗夫在再入地球大气层后遇难。此后加加林继续接受训练，但他没能再次进入太空。1968年3月27日，在一次飞行训练中，他的飞机失控坠毁，加加林和他的飞行教练不幸遇难。

## 谁是第一个进入太空的女性？

1961年，苏联的瓦莲京娜·捷列什科娃申请加入苏联空间计划，当时她已经是一名技术高超的业余跳伞运动员。她是首批入选该计划的4名女宇航员之一，最后脱颖而出。1963年，她驾驶"东方6号"绕地球飞行48周，历时3天。在飞行期间，面带微笑的捷列什科娃出现在各国的电视上，表明一切正常。她说："我看到了地平线，一条淡蓝色、美丽的带子。"

瓦莲京娜·捷列什科娃返回地球时受到了英

苏联宇航员尤里·加加林是进入太空的第一人。

雄般的欢迎，并被授予"苏联英雄"的称号。她周游世界，后来获得了苏联空军少将军衔。她还获得了技术科学的学位，并在苏联空间计划中担任航天工程师。她涉足政界，成为苏联政府的高级官员。她曾与同为宇航员的安德里安·尼古拉耶夫结婚，他们的女儿埃琳娜出生于 1964 年——这是第一个父母都进过太空的孩子！

## 谁是第一个进入太空的美国人？

1961 年 5 月 5 日，美国宇航员艾伦·巴特利特·谢泼德完成了美国人的第一次太空飞行，创造了历史。谢泼德执行"水星-红石 3 号"任务，乘坐"自由 7 号"宇宙飞船，沿着亚轨道飞行。他达到了 187 千米的高度，并在太空中以 8 280 千米 / 小时的速度飞行了 488 千米。经过了 15 分钟的飞行，谢泼德安全降落在大西洋上。

谢泼德是一名海军飞行员，后来晋升为海军少将。在他完成历史性的首飞后，他继续留在宇航员队伍中。他后来担任"阿波罗 14 号"登月任务，并成为第 5 个在月球表面行走的人。

第一个进入太空的美国人艾伦·谢泼德，在"自由 7 号"成功溅落后，被拉上直升机。

## 谁是第一个绕地飞行的美国人？

1962 年 2 月 20 日，约翰·H.格伦成为第一个绕地飞行的美国人。美国国家航空航天局为了将人类送入太空，发起了"水星"计划，格伦的历史性飞行正是这一计划的一部分。格伦在名为"友谊 7 号"的飞船内飞行了 5 小时，绕地球 3 周。后来他成为俄亥俄州的参议员。

## 谁是进入太空时年龄最大的人？

1998 年，时年 77 岁的约翰·格伦乘坐"发现号"航天飞机进入太空，成为进入太空时年龄最大的人。

## 谁是第一个两次进入太空的人？

弗吉尔·"格斯"·格里索姆于 1961 年 7 月首次进入太空，执行第二次"水星号"亚轨道任务。该任务的正式名称为"水星-红石 4 号"，但更广为人知的是航天器的名字"自由钟 7 号"。1965 年 3 月，他执行了"双子星"计划的首次载人飞行任务——"双子星 3 号"（昵称为"莫莉·布朗"），并与副驾驶约翰·扬一起绕地球飞行了 3 周。由此，格里索姆成为第一个两次进入太空的人。

## 哪次灾难导致格里索姆和其他两名宇航员丧生？

格里索姆是原定的第一批登上月球的人之一。不幸的是，在 1967 年 1 月 27 日"阿波罗 1 号"的训练演习和发射前测试中，指令舱起火，格里索姆、埃德·怀特和罗杰·B.查菲都在飞船上。三名宇航员全部遇难。

## 谁是第一个在太空行走的人？

苏联宇航员阿列克谢·列昂诺夫是第一个在太空舱外进行太空行走的人。1965 年 3 月 18 日，他在"上升 2 号"飞船外飘浮了 12 分钟。这次历史性的飞行是历史上第 10 次载人空间任务，也是苏联的第 6 次。

在"上升 2 号"绕地飞行到第 2 周时，列昂诺夫穿上宇航服，背上装有氧气罐的背包，进入飞船的密封舱。当飞船入口重新密封后，列昂诺夫打开外部舱门爬了出去。他飘浮在距离飞船 5.3 米的地方，这是他的安全绳的全长。他降落在飞船顶部，在那里停留了几分钟，然后把自己拉回到舱门。列昂诺夫随后发现他的宇航服有几个地方膨胀了，使他无法再进入舱门。幸运的是，他释放了加压服中的一些空气，迅速解决了这个问题。

## 谁是第一个在太空行走的美国宇航员？

在列昂诺夫成为第一个在太空行走的人的几个月后，宇航员埃德·怀特于 1965 年 6 月 3 日进行了美国历史上的第一次太空行走。在 21 分钟的时间里，怀特通过一根系绳把自己连接在"双子星 4 号"的太空舱外，而他的同伴詹姆斯·麦克迪维特则从太空舱内部进行观察。

## 谁是第一个进入太空的美国女性？

美国宇航员萨莉·克丽丝滕·赖德于 1978 年获得斯坦福大学的物理学博士学位，同年，她被选入宇航员队伍。1963 年瓦莲京娜·捷列什科娃和 1982 年斯韦特兰娜·萨维茨卡娅都先她进入了太空，在这 2 名苏联女宇航员之后，赖德于 1983 年 6 月 18 日成为第一位进入太空的美国女性，同时也是有史以来最年轻的美国宇航员。当时，她作为飞行工程师，乘坐"挑战者号"航天飞机，执行了为期 6 天的太空任务。

## 谁是第一名进入太空的非裔美国宇航员？

盖恩·"盖伊"·布卢福德作为一名战斗机飞行员获得美国空军中的上校军衔，并于 1978 年获得航空航天工程科学博士学位。不久后，他加入了美国国家航空航天局的宇航员队伍，并于 1983 年 8 月 30 日，作为"挑战者号"航天飞机的任务专家，成为第一个进入太空的非裔美国男性。此后，布鲁福德又分别于 1985 年 10 月、1991 年 4 月和 1992 年 12 月进行了 3 次航天飞行。

梅·卡萝尔·杰米森于 1981 年获得康奈尔医学院的医学博士学位。在古巴、肯尼亚，以及泰国的一个柬埔寨难民营学习、工作后，她作为和平队志愿者在塞拉利昂和利比里亚行医 2 年，随后于 1987 年被招募为宇航员。1992 年 9 月 12 日，作为"奋进号"航天飞机机组成员，杰米森成为第一个进入太空的非裔美国女性。

## 谁是第一名进入太空的亚裔美国宇航员？

鬼冢承次出生于夏威夷，有航空航天工程科学硕士学位，并在美国空军担任飞行测试工程师和试飞员，获得中校军衔。1978 年，美国国家航空航天局把他选入宇航员队伍，他参与了多项航天飞机任务的地面工作。1985 年 1 月 24 日，作为"发现号"航天飞机的机组成员，鬼冢承次成为第一个进入太空的亚裔美国男性。然而，悲剧的是，在执行第二次太空任务时，1986 年 1 月 28 日，他和其他机组成员在"挑战者号"航天飞机事故中丧生。

卡尔帕娜·乔拉出生于印度哈里亚纳邦的格尔纳尔，并于 1988 年获得科罗拉多大学的航空航天工程科学博士学位。她拥有多种飞机的认证飞行教练评级和商业飞行员执照。1990 年，她加入美国国籍，并于 1995 年进入美国国家航空航天局的宇航员队伍。1997

年 11 月 19 日，作为"哥伦比亚号"航天飞机的机组成员，乔拉成为第一个进入太空的亚裔美国女性。然而，令人悲痛的是，在第二次太空任务中，她和其他机组人员在 2003年 2 月 1 日的"哥伦比亚号"航天飞机事故中丧生。

# 苏联的早期空间计划

### 谁是世界上第一个成功的空间计划的先驱？

被誉为空间计划第一人的科学家是苏联的乌克兰人谢尔盖·科罗廖夫。1931 年，科罗廖夫成为莫斯科的火箭研究团队的主任；他在那里工作了多年，但他的工作因第二次世界大战而中断。战争结束后，他重返火箭研究领域，并将缴获的德国技术融入苏联的火箭计划中。他的工作取得了丰硕的成果：1957 年 8 月，苏联发射了第一枚洲际弹道导弹。不到 2 个月后，一枚基于洲际弹道导弹技术研制的火箭装载着第一颗绕地球运行的人造卫星"斯普特尼克 1 号"发射。1959 年，第一个拍摄月球背面照片的空间探测器"月球3 号"发射。然后，在 1961 年，科罗廖夫领导了"东方 1 号"的设计和建造，该飞船第一次把人类送入太空——尤里·加加林。1963 年，第一位女性瓦莲京娜·捷列什科娃被送入太空。1966 年，"金星 3 号"成为第一艘在其他行星（金星）上着陆的航天器，同年"月球 9 号"成为第一艘在月球上着陆的航天器。科罗廖夫太重要了，所以苏联政府在他 1966 年去世之前一直对他的身份保密，只称他为"运载火箭和航天器的总设计师"。他被安葬在克里姆林宫的墙下，只有苏联最杰出的公民才能享有此荣誉。

## "东方"计划

### "东方号"是什么样的？

"东方号"是一艘小型、相对简单的宇宙飞船，由驾驶舱和仪器舱组成。这个直径7.5 英尺（约 2.3 米）的球形驾驶舱只能容纳一人。驾驶舱的外部涂有一层保护性的隔热层。通信天线从驾驶舱顶部伸出，驾驶舱下方储存着维持生命所需的氮气和氧气罐。仪器舱内装有一枚小火箭和推进器，用钢带固定在驾驶舱上。

# "上升"计划

 **"上升号"是什么?**

"上升号"是苏联的第二代载人航天器。它的设计与前代"东方号"系列相似,但不同的是,"东方号"仅能容纳一人,"上升号"可以同时搭载 3 名宇航员。"上升号"是作为空间计划中的过渡性航天器而诞生的,目的是在"联盟"计划延误时,使苏联载人航天计划继续向前推进。因此,这艘航天器的边缘略显粗糙;宇航员坐在小座椅上,没有弹射座椅或紧急逃生装置;驾驶舱内的空间非常小,3 名宇航员甚至无法穿上宇航服。幸运的是,尽管"上升号"充满风险,但在整个计划期间没有发生任何事故。

 **"上升"计划的任务有哪些?**

在一次无人试飞之后,搭载着 3 名宇航员的"上升 1 号"于 1964 年 10 月 12 日发射升空。它在 1 天后成功返回地球。"上升 2 号"于1965 年 3 月 18 日发射升空,宇航员阿列克谢·列昂诺夫在此次飞行中完成了人类历史上的第一次太空行走。然而,当列昂诺夫和另一名宇航员帕维尔·别利亚耶夫准备返回地球时,他们发现飞船的方向错了。他们只能在轨道上多飘了 1 周,这导致他们改变了着陆点。这两名宇航员在乌拉尔山脉的偏远地区跳伞降落,并在森林中度过了 2 天,才等到了救援队。之后,再也没有进行过"上升号"任务,可能是因为"联盟"计划基本就绪,苏联决定将其精力集中在那个项目上。

"上升 1 号"上的 3 名宇航员,从左至右分别是:弗拉基米尔·科马罗夫、鲍里斯·叶戈罗夫和康斯坦丁·费奥克蒂斯托夫。

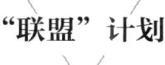

# "联盟"计划

 **"联盟号"是什么?**

　　"联盟"计划是迄今为止持续时间最长的苏联（及后来俄罗斯）空间计划。该计划最初旨在执行月球任务，苏联空间计划负责人谢尔盖·科罗廖夫在20世纪60年代初为此目的设计了3艘"联盟号"飞船。然而，1964年，苏联决定使用更强大的"质子号"火箭执行月球飞行任务。他们缩减了"联盟"计划，将"联盟号"飞船改为一系列用于地球轨道任务的飞船。

 **"联盟"计划的第一批任务有哪些?**

　　"联盟1号"飞船由三部分组成：轨道舱、返回舱和包含仪器、发动机和燃料的隔舱。"联盟1号"于1967年4月23日发射。然而，这次任务问题重重，并在即将着陆时发生了悲剧：降落伞未能打开，飞船坠毁，宇航员弗拉基米尔·科马罗夫不幸遇难。后来的"联盟号"任务就顺利多了。"联盟3号"飞船成功地将宇航员格奥尔基·别列戈沃伊送入太空并安全返回。1969年1月，"联盟4号"和"联盟5号"成功发射，宇航员阿列克谢·叶利谢耶夫和叶夫根尼·赫鲁诺夫完成了太空行走并从"联盟5号"转移至"联盟4号"，这是人类历史上首次空间交会对接。

照片中展示了"联盟号"的宇航员。后排从左至右是维克托·戈尔巴特科、阿纳托利·菲利普琴科和弗拉季斯拉夫·沃尔科夫，前排从左至右是瓦列里·库巴索夫、格奥尔基·绍宁、弗拉基米尔·沙塔洛夫和阿列克谢·叶利谢耶夫。

 **"联盟11号"的悲剧怎样影响了苏联的空间计划?**

　　"联盟号"飞船已经进行了数十次载人飞行，几乎都取得了成功。然而，"联盟11

号"却以悲剧告终。它于 1971 年 6 月 6 日发射升空，并完成了与"礼炮 1 号"空间站对接的任务。在机组人员返回地球的过程中，一个阀门意外打开，导致机舱内的所有空气都逃逸了出去。机上的 3 名宇航员因此窒息身亡。这次事故后，苏联对"联盟号"飞船进行了一系列改进，并且将所有任务中的宇航员人数减少到两人，以便每位宇航员在发射、对接和再入大气层时都能穿上加压服。

## "联盟号"运载火箭是什么？

"联盟号"也是一系列运载火箭的名称，至今仍在使用。例如，欧洲航天局的"金星快车号"探测器就是由"联盟号"火箭在 2005 年发射的。

## "露娜"计划

## "露娜"计划是什么？

"露娜"计划是苏联于 1959—1976 年进行的空间项目，目的是用空间探测器探测月球及其周围环境。24 个"露娜号"探测器在无人驾驶空间探索方面取得了许多里程碑式的成就，包括绕月飞行、拍摄月球照片以及月球着陆。

## "露娜"计划有哪些成果？

1959 年，"露娜 1 号"成为第一艘飞掠月球的航天器，进入绕日轨道。同年 9 月 12 日，"露娜 2 号"发射升空，它撞击月球表面，成为首个抵达月球的人造物体。几个月后，"露娜 3 号"拍摄了第一张月球背面的照片。1966 年 2 月，"露娜 9 号"成为首个实现月球软着陆的人造物体。这个球形的空间探测器内置一台电视摄像机，传回了其周围月面的影像。1970 年 9 月，"露娜 16 号"成为首批 4 个自动采集月球土壤样本并将其送回地球的探测器之一。1971 年 11 月—1973 年 1 月，"露娜"计划的探测器在月球上放置了 2 辆遥控月球车，它们在月球表面行驶，拍摄照片并测量土壤的化学成分。

# 美国的早期空间计划

 **谁是美国空间计划的先驱？**

　　普遍认为美国空间计划中最具影响力的科学家是德国物理学家沃纳·冯·布劳恩。冯·布劳恩出生在一个富裕的家庭，很小的时候就成了业余天文学家，后就读于柏林大学，导师之一是德国火箭技术的先驱赫尔曼·奥伯特。纳粹在德国掌权后不久，冯·布劳恩就被任命为德国军方火箭的研发负责人。在他的领导下，德国人开发了 V-2 火箭，这是第一种远程弹道导弹武器系统。

　　第二次世界大战接近尾声时，冯·布劳恩和其他 126 名德国科学家被美国政府招募，并在"回形针行动"中被带到美国。这些科学家利用美国缴获的德国火箭向他们的美国同行传授火箭技术，他们还在新墨西哥州的白沙导弹试验场和得克萨斯州的布利斯堡继续进行火箭研究和试飞。几年后，他们被调到位于亚拉巴马州亨茨维尔的美国国家航空航天局马歇尔太空飞行中心，冯·布劳恩被任命为该中心的首任主任，并主持建造了一种新的弹道导弹——"红石号"。后来，冯·布劳恩领导研制"木星-C"火箭的工作，

在二战期间为德国人研制火箭后，沃纳·冯·布劳恩博士被美国人招募到美国空间计划项目中工作。

这是第一枚能够发射航天器的美国火箭。这枚火箭成功将美国的第一颗卫星"探险者 1 号"送入轨道。随后是"土星 5 号"火箭，它被用于完成"阿波罗号"载人登月任务。

## "水星"计划

 **"水星"计划是什么？**

　　"水星"计划开启了美国太空飞行时代。1959 年，新成立的美国国家航空航天局启动了该计划。

### "水星号"太空舱是什么样的？

"水星号"宇宙飞船有一个钟形太空舱，高度略低于 9 英尺（约 2.7 米），宽度为 6 英尺（约 1.8 米）。由于舱内的空间非常小，一次只能容纳 1 名宇航员。宇航员从太空舱侧面的一个方形舱门进入，坐在一把根据其体型特别设计的椅子上。椅子正前方是控制面板。太空舱的底部包着一层隔热罩，这层隔热罩设计用来抵御再入地球大气层时的高温。着陆前，一个充气垫会取代隔热罩，降落伞则从太空舱顶部弹出。

### 哈姆是谁？

"水星"计划包括一系列无人驾驶的试飞。接着，1961 年 1 月，飞船搭载了一只名为哈姆的黑猩猩进行试飞。哈姆安全返回后，人们相信"水星"计划已经准备好进行载人飞行。

### "水星七杰"包括哪些宇航员？

"水星七杰"是首批被选入美国宇航员队伍的七人。他们分别是沃尔特·M. 斯基拉、唐纳德·K."德凯"·斯莱顿、约翰·H. 格伦、斯科特·卡彭特、艾伦·巴特利特·谢泼德、弗吉尔·"格斯"·格里索姆和 L. 戈登·库珀。他们后来都成了美国英雄。

### 早期的"水星"计划取得了哪些成就？

1961—1963 年，"水星"计划共进行了 6 次载人任务。早期的"水星号"飞船由"红石号"火箭发射，后

宇航员约翰·格伦正全副武装，准备执行"水星–阿特拉斯 6 号"任务。

来则由"阿特拉斯号"火箭发射。这些短暂的"水星号"飞行任务为 20 世纪 60 年代中期距离更远、更复杂的"双子星号"飞行任务奠定了基础，并最终促成了"阿波罗"计划。

## "双子星"计划

### "双子星"计划是什么？

"双子星"计划是美国航天飞行的第二阶段。总的来说，1964 年 4 月—1966 年 11 月，共发射了 12 艘"双子星号"飞船。在这些任务中，宇航员学习与其他飞船对接和太空行走等太空技能，创造了新的时间和高度纪录。其间，解决了许多航天飞行问题，并为"阿波罗"计划铺平了道路。

### "双子星号"飞船是什么样的？

"双子星号"飞船比"水星号"飞船更大，可以容纳 2 名宇航员。"双子星号"飞船还装有操纵推进器，能够完成变轨、与其他飞船对接等任务，并精确控制其再入和着陆等环节。"双子星"计划非常成功，尽管"双子星 8 号"曾险些酿成灾难。

### "双子星 8 号"飞船发生了什么？

1966 年 3 月，在与"阿金纳号"火箭对接后，"双子星 8 号"飞船开始失控旋转。尼尔·阿姆斯特朗和戴维·斯科特只得关闭推进器，这才避免了灾难。随后，"双子星 8 号"在太平洋紧急着陆。美国国家航空航天局的调查人员后来发现，这个问题是一个处于开启状态的推进器出了故障造成的。

### "双子星"计划有哪些成就？

"双子星"计划取得了众多成就，包括美国宇航员的首次太空行走，在海拔 1 370 千米上创下的高度纪录，14 天的太空飞行破了当时的纪录，以及两艘宇宙飞船的首次对接。

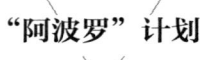

# "阿波罗"计划

 **有多少次月球任务?**

自 1958 年以来,已有 60 多艘航天器被发射到月球,其中大多数是无人的。有些航天器飞掠月球;有些航天器进入月球轨道,数月或数年向地球发送信息;有些航天器完全偏离目标并最终绕太阳轨道运行。一些飞往月球的航天器降落在月球表面,收集土壤样本和其他科学数据。所有月球探测任务中最著名的当数载人的"阿波罗号"任务。

**"阿波罗"计划之前,美国进行了哪些月球探测计划?**

美国的月球探测计划由多个项目组成,最终"阿波罗"计划首次将人类送上月球,标志着美国的月球探测计划达到高潮。

美国先发射了"先驱者号"系列的几个探测器,1959 年 3 月"先驱者 4 号"飞掠月球,该系列圆满结束。"徘徊者"计划共向月球发射了 9 个空间探测器;该计划最后 3 个探测器于 1964—1965 年发射,它们在坠毁前传输了月球表面的详细图片。1965—1968 年,美国又向月球部署了十几个空间探测器。"月球轨道号"进入月球轨道,而"探测者号"则在月球表面软着陆。这些航天器收集了有助于规划"阿波罗"计划的路线和着陆点的重要信息。

**"阿波罗"计划共进行了多少次飞行?**

"阿波罗"计划的首次发射是在最后一次"双子星号"任务后的 2 个月进行的。10 年来,美国空间计划一直为将人类送上月球表面并安全返回而努力,这一计划是美国人登月梦想的顶点。首次将人类送上月球的空间任务是"阿波罗 11 号",于 1969 年 7 月 16 日发射,并于 7 月 20 日将尼尔·阿姆斯特朗和巴兹·奥尔德林送上月球。之后,又有 6 艘"阿波罗号"飞船被送往月球,其中 1 次失败,其他 5 次成功。"阿波罗 17 号"于 1972 年返回后,由于预算限制和美国空间探索重心的转移,另外 3 次登月计划被取消。

## "阿波罗"计划取得了哪些成就？

"阿波罗"计划是美国 1967—1972 年空间项目的核心。从 1969 年 7 月 20 日登陆月球的"阿波罗 11 号"开始，"阿波罗号"飞船共将 12 名宇航员送上月球表面。

"阿波罗"计划不仅收集了大量关于月球的新信息，并带回 382 千克月球岩石，还明确证明了人类能够踏足除地球以外的天体，证明了外层空间不是障碍，而是前沿领域。

## "阿波罗号"飞船是什么样的？

"阿波罗号"飞船由三部分组成：一个指令舱，承载宇航员；一个服务舱，用于存放补给和设备；以及一个月球舱，用于分离并降落在月球上。总共生产了 18 艘"阿波罗号"飞船，其中 3 艘是为无人任务设计的，15 艘是为载人任务设计的。"阿波罗号"任务使用的是由沃纳·冯·布劳恩设计的"土星 5 号"火箭，它至今仍是最强大的成功发射的火箭之一。

## 早期的"阿波罗号"任务取得了哪些成就？

1967—1968 年，进行了 3 次无人的"阿波罗号"任务作为试飞。第一次成功的载人任务是 1968 年 10 月 11 日发射的"阿波罗 7 号"，3 名宇航员绕地球飞行了 11 天。2 个月后，"阿波罗 8 号"的机组人员成为第一批逃离地球引力场并绕月飞行的人类。"阿波罗 9 号"和"阿波罗 10 号"于 1969 年初发射，为 7 月的登月任务进行最后的准备工作。

## "阿波罗号"任务中，哪艘飞船拍摄了那张著名的地球照片？

人类历史上最著名的照片之一——地球从月球地平线上升起，是由"阿波罗 8 号"机组人员在绕月飞行时拍摄的。

## "阿波罗 11 号"上有哪几名宇航员？

进行历史性的月球之旅的"阿波罗 11 号"，载有美国宇航员尼尔·阿姆斯特朗、埃德温·尤金·"巴兹"·奥尔德林和迈克尔·科林斯。阿姆斯特朗出生于俄亥俄州，是一名美国海军战斗机飞行员。他获得了航空航天工程硕士科学学位，并于 1962 年加入宇

"阿波罗11号"的宇航员，从左至右分别是指令长尼尔·阿姆斯特朗、指挥舱飞行员迈克尔·科林斯、月球舱飞行员埃德温·奥尔德林。

航员队伍。奥尔德林在新泽西州蒙特克莱尔长大，曾是美国空军的战斗机飞行员，有航空学博士学位，并在1963年加入美国国家航空航天局宇航员队伍。科林斯就读于美国军事学院，之后在空军担任飞行员，最终获得了少将军衔。和奥尔德林一样，他于1963年加入美国国家航空航天局宇航员队伍。在前往月球之前，他们三人都曾有过一次太空飞行经历——阿姆斯特朗在"双子星8号"上，科林斯在"双子星10号"上，奥尔德林在"双子星12号"上。

## "阿波罗11号"到达月球时发生了什么？

"阿波罗11号"到达月球时，尼尔·阿姆斯特朗和巴兹·奥尔德林乘坐"鹰号"登月舱前往月球表面，而迈克尔·科林斯则留在绕月轨道上的指挥舱中。登月舱偏离目标，宇航员不得不穿越静海、寻找安全着陆点，阿姆斯特朗最终用不到1分钟的剩余燃料成功让"鹰号"着陆。随后，阿姆斯特朗和奥尔德林在月球表面插上了美国国旗，拍摄了照片，与美国总统理查德·尼克松进行了电话交谈，进行了几个科学实验，并收集了岩石和土壤样本。3 小时后，在他们离开月球之前，他们留下了一块铭牌，上面刻着："公元 1969 年 7 月，来自地球的人类首次踏上月球。我们为全人类的和平而来。"

### 首次登上月球时，尼尔·阿姆斯特朗和巴兹·奥尔德林到底说了什么？

当尼尔·阿姆斯特朗踏上月表时，他说："这是（一个）人的一小步，却是人类的一大步。"[That's one small step for (a) man, one giant leap for mankind.] 阿姆斯特朗事后表示，他原本想说的是"一个人"（a man），而不是"人"（man），但可能是"一个"（a）这个词卡在了喉咙里，或者是月球上的音频传输恰好在这一刻中断了。无论如何，阿姆斯特朗已经表明，他的本意是"一个人"，所以两种说法都是正确的。而巴兹·奥尔德林在月球上的第一句话非常明确："壮丽的荒凉。"

### "阿波罗 11 号"之后的月球任务中发生了什么？

在"阿波罗 11 号"的历史性飞行之后，又进行了 6 次月球任务。其中 1 次差点成为悲剧："阿波罗 13 号"在前往月球的途中，已行驶过半，氧气罐突然爆炸，摧毁了飞船的大部分系统。然而，通过宇航员和地面技术人员的英勇、幸运以及难以想象的努力，飞船成功绕月飞行，利用这次飞掠作为引力弹弓，将飞船及其机组人员抛回地球。惊险，但幸存了下来。

其他 5 次任务都进行得很顺利。在这 5 次任务中，有 15 名宇航员前往月球，其中 10 人踏上了月球。这些人进行探索，开展地质和天文实验，收集月球岩石和土壤，乘坐月球车，等等。

### "阿波罗 14 号"任务期间，艾伦·谢泼德在月球上进行了什么运动？

"阿波罗 14 号"登月之后，宇航员艾伦·谢泼德打出了一颗高尔夫球。据他所说，由于月球引力较小，这颗球"飞出去好几英里远"。

### 最后一次"阿波罗号"任务之后发生了什么？

在"阿波罗 17 号"执行了最后一次登月任务之后，由于预算问题，美国政府取消了原定的另外 3 次登月计划。自那以后，美国就再也没有过载人登月任务了。

**哪几位美国宇航员完成了月球行走的壮举?**

下表中列出了曾将自己的足迹留在月球上的美国宇航员。

表1 完成月球行走的美国宇航员

| 名　字 | 登月飞船 | 登月时间 |
|---|---|---|
| 尼尔·阿姆斯特朗 | "阿波罗11号" | 1969年7月20日 |
| 巴兹·奥尔德林 | "阿波罗11号" | 1969年7月20日 |
| 皮特·康拉德 | "阿波罗12号" | 1969年11月19日 |
| 艾伦·比恩 | "阿波罗12号" | 1969年11月19日 |
| 艾伦·谢泼德 | "阿波罗14号" | 1971年2月5日 |
| 埃德加·米切尔 | "阿波罗14号" | 1971年2月5日 |
| 戴维·斯科特 | "阿波罗15号" | 1971年7月31日 |
| 詹姆斯·欧文 | "阿波罗15号" | 1971年7月31日 |
| 约翰·扬 | "阿波罗16号" | 1972年4月21日 |
| 查尔斯·杜克 | "阿波罗16号" | 1972年4月21日 |
| 尤金·塞尔南 | "阿波罗17号" | 1972年12月11日 |
| 哈里森·施米特 | "阿波罗17号" | 1972年12月11日 |

**为什么有些人始终不相信人类登月这一事实?**

心理学家认为,秘密、阴谋和其他"特殊"信息对人们来说很有吸引力。这就是为什么每隔几年,就会有电视节目或互联网谣言重新流传,称月球登陆是一场骗局。尽管这些节目和谣言都是假的,但有些人还是愿意相信它们。

假想出来的登月骗局确实能够让我们浮想联翩,但现实是成千上万的人,多年来共同努力,耗资数十亿美元,进行前所未有的研究,并创造了科学和工程上的非凡壮举,实实在在地将人类送上月球并安全带回地球,这更加令人着迷和敬畏。包括"阿波罗"计划在内的所有空间计划的工作都有详尽的记录,包括数千小时的录音和数百万张照片。

## 月球上没有空气和风，那么"阿波罗号"宇航员插上的旗帜为什么能展开？

"阿波罗号"宇航员在月球上插的美国国旗不仅被固定在旗杆的一侧，同时顶部也被一根水平的横杆固定住。在"阿波罗号"宇航员拍摄的照片中，一般不太能注意到横杆，但如果仔细观察，还是可以看到的。此外，当旗帜被插上月球时，通过旗杆传播的振动会暂时使布质的旗帜抖动起来。由于月球上没有空气阻力，因此抖动会持续相当长时间。

## "阿波罗-联盟号"任务为什么如此有名？

在最后一次"阿波罗号"登月飞行之后，接下来的"阿波罗18号"飞船被用于另一项具有历史意义的任务。1975年7月15日，苏联的"联盟19号"飞船载着宇航员阿列克谢·列昂诺夫和瓦列里·库巴索夫升空。7小时后，"阿波罗18号"起飞，载有宇航员托马斯·斯塔福德、万斯·布兰德和唐纳德·"德凯"·斯莱顿。"阿波罗18号"上有一个特殊的对接模块，一端与"联盟号"对接，另一端接"阿波罗号"，中间设有气闸室。当晚，两艘飞船成功会合并对接在一起。美国宇航员进入"联盟号"，电视播出了两组宇航员握手的画面。

两艘飞船对接了2天，其间宇航员们共同进行天文实验。分离后，"联盟19号"返回地球，而"阿波罗18号"继续在轨道上停留了3天。两艘飞船都安全着陆。

许多人认为"阿波罗-联盟号"任务这一美国和苏联之间的首次太空联合行动，标志着始于20世纪50年代的"太空竞赛"的结束，以及国际间人类空间合作新时代的开始。

## "阿波罗"计划结束后，有哪些航天器探索过月球？

自20世纪70年代初"阿波罗"计划结束后，对月球的探索进程变得非常缓慢。1990年，日本的"缪斯A"月球探测器进入了月球轨道，但未能传输任何数据。1994年，美国发射了"克莱芒蒂娜号"月球探测器，发现了月球南极附近的岩石可能混合水冰的迹象。随后，美国于1998年1月进行了名为"月球勘探者号"的后续任务。到1998年3月，该航天器提供的数据表明，月球两极可能存在大量地下冰。然而，当"月球勘探者号"任务于1999年7月结束时，该航天器在地面技术人员的控制下坠毁在月球南极，并未检测到冰。这场科学争论仍在继续，答案可能会对未来人类殖民月球产生重大影响。

# 早期的空间站

## "礼炮号"空间站

 **"礼炮"计划是什么？**

1971 年 4 月 19 日，苏联发射了世界上第一个空间站——"礼炮 1 号"。按照设计，它可以容纳 3 名宇航员，并让他们在太空生活 3 ～ 4 个星期。1971—1991 年，苏联空间计划共运营了 7 个"礼炮号"空间站。这些空间站帮助科学家和航天器设计师了解在太空长期停留的可能性和可能遇到的挑战。

**"礼炮号"空间站是什么样的？**

"礼炮 1 号"呈管状，长 14 米，最宽处 4 米，重 25 吨。4 个太阳能电池板像螺旋桨一样从主体上伸出，为空间站提供电力。空间站包含一个工作舱和控制中心、一个推进系统、一些卫生设施以及一个科学实验室。它只被使用过一次，3 名宇航员在空间站中工作了 24 天。这个团队在 1971 年 6 月 30 日乘坐"联盟 11 号"飞船返回地球的过程中不幸遇难。

后来的"礼炮号"空间站以大致相同的方式建造，不过进行了一些改进。"礼炮 4 号"的太阳能电池板分布模式不同，并且一端安装了一个太阳望远镜。"礼炮 6 号"和"礼炮 7 号"则有 2 个对接端口而不是 1 个。"礼炮 7 号"还是一个"模块化"空间站，可以在发射后添加许多部件，以增加空间站的空间和功能。

**"礼炮号"空间站取得了哪些里程碑式的成就？**

"礼炮 6 号"于 1977 年 9 月 29 日发射升空，并在轨道上运行至 1982 年 7 月。在此期间，它接待了多批宇航员，以及由无人驾驶的"进步号"飞船运送的物资。宇航员在"礼炮 6 号"上停留的最长时间是 185 天。

"礼炮 7 号"于 1982 年 4 月 19 日发射升空，也接待了许多批宇航员。宇航员最长的停留时间是 237 天。1986 年 3 月，"和平号"空间站上的宇航员访问了"礼炮 7 号"，这是"礼炮 7 号"最后一次接待宇航员。他们在那里逗留了 6 个星期，然后返回了更大的"和平号"。1991 年 2 月 7 日，"礼炮 7 号"在地球大气层中燃烧殆尽。

# 天空实验室

## 天空实验室是什么？

天空实验室是美国1973—1979年运营的一个空间站。两层楼高的天空实验室比当时的"礼炮号"空间站要大得多。它长36米，直径6.4米，重80吨；包含工作区、能够容纳三人的生活区、一个带有多个对接口的模块和一个太阳观测台。天空实验室位于440千米的高度，保持着有人类居住的空间站距地球表面最大轨道距离的纪录。

## 天空实验室发射时发生了什么？

1973年5月14日发射后不久，天空实验室就遇到了问题。空间站的微陨星防护罩、热防护罩和一块太阳能电池板丢失，而第二块太阳能电池板被卡住。空间站的电力系统

天空实验室是美国的第一个空间站，1973—1979年期间运行得非常成功。这张1974年的照片显示了在原始的微陨星防护罩丢失后，为保护空间站工作室而竖起的金色防护罩。

也受损。天空实验室发射后的第 11 天，第一批宇航员抵达，修复了大部分损坏部位，并恢复了空间站的电力。这些宇航员在太空中逗留了 28 天，进行了一系列科学实验后返回地球。

### 天空实验室计划是如何结束的？

1973—1974 年，共有 3 批宇航员在天空实验室工作。他们分别逗留了 28 天、59 天和 84 天，并进行了大量科学研究，特别是太阳研究和生物医学研究，以了解失重对动植物的影响。

第三批宇航员离开后，空间站被置于一个停泊轨道上，预计至少能维持 8 年。不幸的是，由于大气阻力意外增大，航天器在很短的时间内就被拉入了一个更低的轨道。原计划在 1979 年让航天飞机与天空实验室对接，并将其运送到更高的轨道；但航天飞机计划经历了多年的延误，直到 1981 年才准备好发射。还制订了另一个计划，派遣一艘无人驾驶的航天器来拯救天空实验室，但美国政府没有提供资金。

1979 年 7 月 11 日，天空实验室坠入地球，碎片从印度洋中部一直散落到澳大利亚。

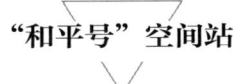

## "和平号"空间站

### "和平号"空间站是什么？

"和平号"空间站是苏联及其后继政府俄罗斯 1986—2001 年运营的一个轨道空间站。"和平号"空间站发射升空时是一些独立的、可拼装的模块，在太空中逐一组装起来。第一个核心模块于 1986 年 2 月 19 日在哈萨克斯坦的拜科努尔航天发射场发射升空。到 1996 年第七个也是最后一个模块组装完毕时，"和平号"已经变成了一个多辐条的圆柱体，全长达 87 米，质量达 123 吨，有效容积为 470 立方米。

### "和平号"由哪些部分组成？

"和平号"空间站的主体由 4 个区域组成：对接舱、居住区、工作区和推进舱。对接舱包含电视设备、电力供应系统以及飞船 6 个对接端口中的 5 个。工作区是飞船的神经中枢，包含主要的导航、通信和电力控制设备。在空间站的一端，未加压的推进舱内包含火箭发动机、燃料供应系统、加热系统以及第 6 个对接端口，用于接收无人驾驶任务中的补给。

随着越来越多的模块被添加到空间站上，"和平号"的质量和功能不断增加。1987 年增加了一个配备有紫外线、X 射线和 γ 射线望远镜的天文台模块。1989 年增加了一个带有 2 块太阳能电池板和气闸室的模块。1990 年又增加了一个科学实验模块。1995 年增加了两个模块，其中一个是由"亚特兰蒂斯号"航天飞机运送到空间站的对接模块。1996 年增加了一个远程地球遥感模块。

## "和平号"是如何促进国际空间合作的？

"和平号"空间站最初由苏联单独运营，直到 1991 年苏联解体。苏联的继承者俄罗斯政府资金匮乏，因此寻求为其空间计划提供资金和科学支持的方法。1993 年，俄罗斯和美国达成协议，两国将共享资源和专业知识，并结合其他国家的贡献，共同建造一个新的国际空间站。"和平号"成了新空间站的原型和试验场。航天飞机执行了飞往"和平号"的任务，美国宇航员开始在空间站上长时间停留，以学习俄罗斯在太空生活方面的丰富经验。

在"航天飞机-和平号"任务期间，共有 11 架航天飞机飞往"和平号"，从 1995 年 3 月开始，7 名美国宇航员在空间站上总共度过了 28 个月的时间。许多来自其他国家的宇航员也访问了"和平号"，为真正的国际空间合作奠定了基础。

## "和平号"任务是如何结束的？

"和平号"空间站最初设计的寿命只有 5 年，到了 1997 年，它的使用寿命已经超出了 2 倍多。长年的服役开始对其系统造成损害，各种设备开始出现故障。到了 1997 年 6 月，危机几乎成了家常便饭：火灾、冷却系统泄漏防冻液、氧气处理系统故障、与货运飞船相撞、计算机崩溃等问题接踵而至，困扰着空间站的工作人员。1999 年 8 月 28 日，空间站的机组人员返回地球，这是近 10 年来"和平号"首次无人值守。

2000 年 4 月 4 日，2 名宇航员组成的机组返回"和平号"，对飞船的状况和前景进行评估。他们在 6 月 16 日离开后，便再也没有人访问该空间站了。为确保地球上居民的安全，有关方面向该空间站发射了一枚无人火箭。飞行控制人员利用这枚火箭将"和平号"送入大气层并使其脱离轨道。2001 年 3 月 23 日，"和平号"在再入地球大气层时燃烧殆尽，照亮了斐济群岛上方的天空，碎片散落在南太平洋海域，没有给人类带来任何伤害。

# 航 天 飞 机

##  航天飞机计划是什么？

航天运输系统，更广为人知的名称是航天飞机计划，是美国国家航空航天局主要的载人空间计划。

20 世纪 70 年代设计出的航天飞机，是一种半航天器半飞机的可重复使用的系统，能够频繁地将人员和货物运送到近地轨道并返回。尽管该计划历史上曾遇到过成本超支的情况和 2 次可怕的灾难，但航天飞机计划也在人类太空飞行方面取得了巨大成功，帮助科学家和工程师们了解未来的太空生活以及往返于太空与地球之间的过程可能会是什么样子。

## 航天飞机由哪些部分组成？

航天飞机由外储箱、2 个固体火箭助推器和轨道飞行器组成。航天飞机发射时，轨道器和固体火箭助推器连接在外储箱上，外储箱为轨道器的 3 个主发动机提供燃料。发射几分钟后，固体火箭助推器耗尽燃料，与外储箱分离，落入海洋；降落伞系统减缓其下落速度，以便回收，在未来发射时再利用。外储箱和轨道飞行器保持连接状态，直到进入近地轨道。当外储箱的燃料用完时，也会从轨道器上分离。外储箱无法回收，通常会在大气中燃烧殆尽。随后，载有宇航员的轨道飞行器继续执行任务。轨道飞行器装有发动机、火箭助推器、可供多达 8 名机组人员生活和工作的区域，以及一个大到足以容纳 1 辆大型校车的货舱。它的机翼经过空气动力学设计，能够使轨道飞行器从轨道滑翔返回地球；只要跑道的长度足以容纳商用大型喷气式飞机，轨道飞行器就能在其上着陆。

## 有多少架航天飞机？

共有 6 架航天飞机。第一架航天飞机"企业号"用于测试目的，从未被送入轨道。它证明了航天飞机能够起飞并滑翔至安全着陆。第一架被送入太空的航天飞机是"哥伦

▌"亚特兰蒂斯号"航天飞机离开"和平号"空间站。

比亚号"，由宇航员约翰·扬和罗伯特·克里彭驾驶，1981 年 4 月 12 日首次发射，4 月 14 日安全着陆。随后是 1983 年 4 月 4 日发射的"挑战者号"、1984 年 8 月 30 日发射的"发现号"、1985 年 10 月 3 日发射的"亚特兰蒂斯号"，以及 1992 年 5 月 7 日的发射的"奋进号"。

## 哪几架航天飞机发生了失事的悲剧？

1986 年 1 月 28 日，"挑战者号"在发射过程中爆炸，7 名机组人员全部遇难。2003 年 2 月 1 日，"哥伦比亚号"在再入大气层时解体，7 名机组人员全部遇难。

# 第 2 章
## 当代天文学

## 天文学的测量

 **天文学家是如何测量天体的体积和距离的?**

　　天文学上可不用卷尺,采用的是一些日常生活中不会用到的方法。像视差和标准烛光(如造父变星)这样的几何方法是天文学测量中最常见的方式。天文学中,除了使用标准的长度单位(如米)外,还发明了专门用于测量宇宙的单位,包括天文单位、光年和秒差距。

 **天文单位是什么?**

　　1 个天文单位被定义为地球与太阳之间的平均距离,约等于 149 597 870 千米,大多数天文学家将这个值近似为 $1.5\times10^8$ 千米。作为比较,水星距离太阳约 0.4 个天文单位,冥王星距离太阳约 50 个天文单位,而包含离太阳最近的恒星的南门二系统距离太阳约 27 万个天文单位。

 **科学家最初是如何测量天文单位的?**

　　以研究土星环而闻名的意大利天文学家吉安·多梅尼科·卡西尼是首位测出天文单位正确值的天文学家。卡西尼先根据自己在巴黎的观察以及他在南美洲的同事让·里歇尔的观察测量了火星的视差。根据这些信息,他计算出地球到火星的距离,进而计算出地球到太阳的距离。卡西尼的测量值略低,约为 1.4 亿千米;现代测量得出的值是 1.496

亿千米，卡西尼的偏差不到 10%。

 **光年是什么？**

1 光年是光在真空中穿行 1 年的距离。光在真空中的传播速度约为 30 万千米 / 秒，1 年有 31 500 000 秒，因此 1 光年大约是 9.47 万亿千米。

 **秒差距是什么？**

以地球绕太阳运行的轨道半径为底边，与待测量的天体形成一个三角形，一个距离为 1 秒差距的天体会产生 1 角秒的视差。1 秒差距约为 31 万亿千米，或约 3.26 光年。

 **千秒差距和百万秒差距是什么？**

1 千秒差距等于 1 000 秒差距，1 百万秒差距等于 1 000 000 秒差距。作为参考，银河系盘中恒星之间的距离一般约为几秒差距，银河系的直径约为 30 千秒差距，银河系与仙女星系之间的距离约为 0.7 百万秒差距。

 **天体测量学是什么？**

天体测量学是测量天体的位置（方位天文学）和运动（动力天文学）的天文学分支。了解宇宙中天体的运动情况，或者哪些天体是静止的，对天文学研究极为重要。例如，对近地小行星的测量可以帮助我们判断太阳系中是否有可能撞击地球的天体；对恒星的测量有助于了解太阳系在银河系中的运动情况。此外，天体测量学在建立可靠的时间和空间参考框架方面也非常重要，这对于科学和日常生活都至关重要。例如，美国海军天文台持续测量并记录太阳、月球以及其他天体的运动，这些数据被传递给航海年鉴办公室，该办公室与英国政府合作出版《航海年鉴》，是导航、勘测和科学领域的日常参考书。

 **视差是什么？**

视差的基本原理是利用三角测量法来测量距离。从两个不同的角度观察一个物体时，该物体会相对于背景出现位置偏移。在天文学中，由于地球绕太阳公转，地球的位置会移动多达 3 亿千米，因此制造了从两个不同的角度观察远处天体（如恒星）的机会。该天体位置变化的量度就是视差。一旦知道了视差，就可以计算出到该天体的距离。

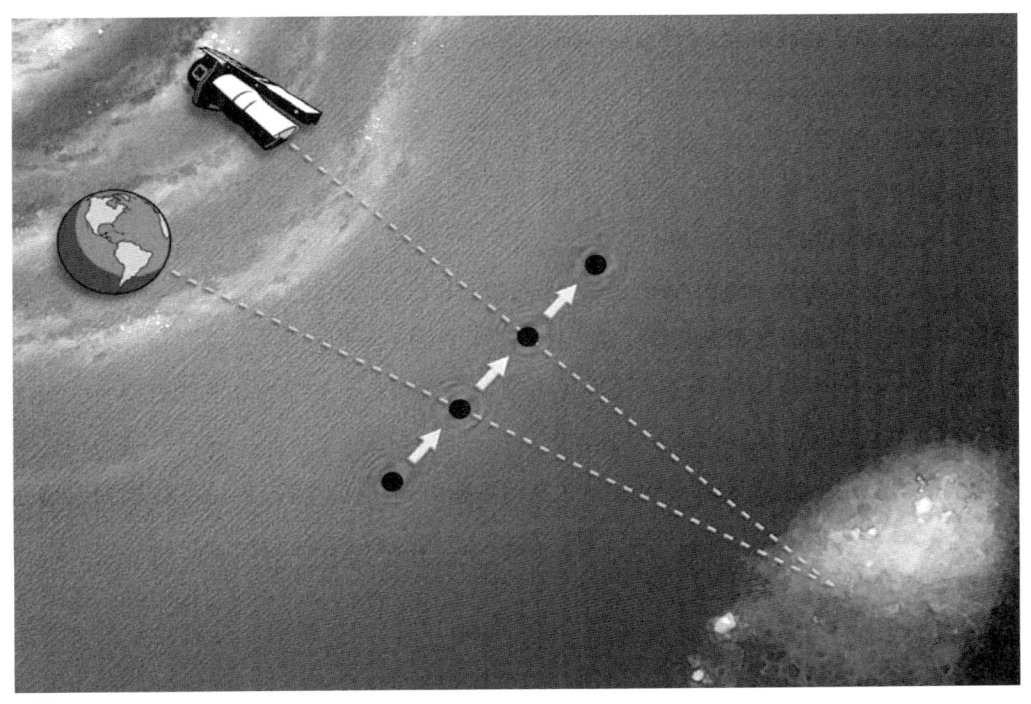

通过从地球和空间望远镜等不同位置观察天体，天文学家可以确定它们的距离。

 ## 标准烛光是什么？

标准烛光是指在宇宙中的任何位置都具有相同光度（即能量输出）的天体。想象一下，如果有一个手电筒，无论在哪里观察，它的灯泡都是精确的 100 瓦，那么就可以通过测量它的光看起来有多亮来判断手电筒有多远。

不幸的是，宇宙中并没有多少明亮的天体是标准烛光。例如，红星的光度可以大相径庭。因此，找到作为标准烛光的非常明亮的天体成了极其重要的任务。有了标准烛光，我们就可以测量一些过于遥远，无法使用视差测量的天体的距离。

 ## 天文学中有哪几种最重要的标准烛光？

天文学中最重要的 3 种标准烛光分别是天琴 RR 型变星、造父变星和 Ia 型超新星。每种都可以被用于测量不同的距离范围：天琴 RR 型变星是较老的恒星，可以测量 100 万光年左右的距离；造父变星是较年轻的恒星，可以测量到 1 亿光年左右的距离；Ia 型超新星是巨大恒星爆炸的产物，可以测量到数十亿光年之遥的距离。

## 谁发现了被称为造父变星的标准烛光？

美国天文学家亨丽埃塔·斯旺·莱维特曾在位于美国马萨诸塞州剑桥市的哈佛大学天文台工作。1904年，莱维特注意到仙王座中的一颗恒星会定期改变亮度。经过仔细研究，她发现这颗恒星的亮度变化呈现出一种可预测的"锯齿状"模式。后来，人们发现了其他具有相同"锯齿状"亮度变化模式的恒星。

1913年，莱维特与丹麦天文学家埃纳尔·赫茨普龙合作，推断出造父变星的变化规律：造父变星完成一个亮度变化周期所需的时间与其光度峰值在数学上存在关联。这种"周期–光度关系"意味着可以利用造父变星作为标准烛光：要知道造父变星的光度，只需测量其亮度变化的周期，然后就能推算出该恒星的距离。

## 埃德温·哈勃是如何利用造父变星来测量天体距离的？

20世纪初，人们尚不清楚所谓的"旋涡星云"是位于我们的银河系之内还是之外。1924年，美国天文学家埃德温·鲍威尔·哈勃开始研究旋涡星云，他使用的是位于加利福尼亚州威尔逊山天文台的胡克望远镜。在数月的时间里，哈勃在仙女座方向的最大的旋涡星云中识别出了数百颗造父变星。利用造父变星的周期–光度关系，他证明了这一旋涡星云至少距离我们大约100万光年——这一距离远大于银河系的直径。此外，在这么远的距离上，能被观测到的星云，其跨度必须达到数千光年。因此，哈勃证明了仙女星云实际上就是仙女星系，宇宙并非只包含一个星系，而是包含了许多星系，每个都相隔数百万光年。

# 天 文 望 远 镜

## 望远镜的基础知识

## 望远镜是什么？

一般来说，望远镜是一种从遥远光源收集光线的仪器，能够形成图像。最初的望远

自伽利略时代以来，望远镜技术取得了长足的进步。现代，利用儿童望远镜就可以观测到土星和仙女星系等天体，其观测效果可以与早期的专业望远镜相媲美或更佳。

镜是一个手持的圆筒或管子，上附玻璃透镜。如今，望远镜的制作方式多种多样，人们将它们与各种科学仪器配合使用，研究宇宙。

###  谁发明了望远镜？

一般认为，17 世纪初，一位名叫汉斯·利伯希的荷兰眼镜商制造了第一台望远镜。然而，当时有很多人都在研究这一新技术。到了 1609 年，伽利略已经至少制造了 2 台望远镜，用于研究宇宙。

###  天文学史上，望远镜的图像是如何被记录下来的？

最早的天文学家只能用肉眼来观察太空。后来，当伽利略、惠更斯和牛顿等天文学家使用望远镜时，他们会小心翼翼地将观测结果画在纸上。随着技术的进步，发展出了记录图像和数据的新方法。从 19 世纪开始，照相底片成为天文数据的主要记录媒介，持续了 100 多年。到了 20 世纪末期，光电探测器和基于计算机的数码相机取代了底片，当今几乎所有望远镜数据都是用这种技术记录下来的。

**谁第一个在天文学中使用了照相技术？**

英国天文学家威廉·哈金斯是首批在天文学中使用照相技术的人之一。他使用长时间（几分钟或几小时）曝光的照相底片来记录图像。哈金斯还研究出如何混合感光乳剂以增加对红外光或紫外光的敏感度。

 **天文数码相机是如何拍摄图像的？**

今天用于天文学的数码相机采用的基本技术与在电子产品商店能买到的数码相机相同。进入相机的光线被电子记录在一个被称为电荷耦合器件的像素化探测器上。曝光完成后，电子系统将电荷耦合器件上存储的信息读取到记录设备上，如计算机的记忆棒或硬盘驱动器。

区别在于，像行星、恒星和星系这样的天文源距离我们非常遥远，因此它们几乎总是太暗，无法用典型的摄影设备进行研究。因此，在天文望远镜中，使用特殊的光学元件来尽可能多地传输光线，使用特别擅长检测光线的电荷耦合器件，并且整个相机组件都被放置在一个名为杜瓦瓶的特殊容器中，被冷却到零下几百摄氏度。这些措施有助于天文学家测量天体，这些天体比普通商店购买的相机所能拍摄的物体暗数百万倍甚至数十亿倍。

 **天文学家使用望远镜进行哪些类型的测量？**

经过精心规划，天文学家使用各种望远镜和探测器拍摄大量太空的照片。这些图像随后被用于进行各种测量。除了直接观察图像本身以及宇宙中物体的形状和大小外，天文学家还会利用复杂一点的分析方法，最常见的包括天体测量学、测光、光谱学和干涉测量。

 **望远镜主要有哪 2 种类型？**

望远镜主要有 2 种类型：折射望远镜和反射望远镜。折射望远镜使用透镜来收集光线，而反射望远镜使用镜子。最早的望远镜是折射望远镜。如今，几乎所有天文望远镜都是反射望远镜。这主要是因为大型透镜需要大量玻璃，而巨大的重量会使它们很快变形。

### 施密特望远镜是什么？

施密特望远镜是由德国眼镜商伯恩哈德·施密特发明的一种望远镜。这种望远镜中，主镜是主要的集光元件。这块镜子设计特殊，能够在同一时间观测天空的一块非常广阔的区域。然而，就像相机上的鱼眼镜头一样，产生的图像是扭曲的。因此，在主镜前放置了一块特殊的薄透镜，用于校正这种扭曲。施密特的设计结合了光的折射和反射，非常适合获取天空的广角图像。它经常被用在天文相机中。

奥欣望远镜是一台施密特望远镜，位于美国加利福尼亚州的帕洛玛山天文台。

## 太 阳 望 远 镜

 ### 地基太阳望远镜与普通望远镜有什么不同？

太阳望远镜的光学原理和探测器、主要在夜间使用的望远镜相似。不同的是，建造太阳望远镜时，必须考虑它们要应对的强光和高温。先将光线导入地下室是一种让望远镜组件和仪器保持凉爽的方法。另一种方法是让望远镜周围保持真空，因为在真空中没有空气分子来吸收和传递热量。大多数夜间望远镜的主镜都被设计得尽可能大，其他部件要轻便灵活，但太阳望远镜的主镜并不太大，而与之相关的设备和建筑结构往往非常庞大。

 ### 有哪些著名的地基太阳望远镜？

著名的地基太阳天文台和望远镜包括美国加利福尼亚州的大熊湖太阳观测台（由新泽西理工学院运营）、美国夏威夷哈莱阿卡拉的米斯太阳观测台（由夏威夷大学运营），以及美国国家太阳观测台，它有 2 台主要的望远镜——位于亚利桑那州南部的基特峰国家天文台的麦克马思-皮尔斯太阳望远镜，以及位于新墨西哥州的萨克拉门托峰天文台的邓恩太阳望远镜。

 **天基太阳望远镜有什么用？**

天文学家利用轨道太阳望远镜，在不易穿透地球大气层的波长上观测太阳，或者观测太阳风或日冕物质抛射等被地球磁场阻挡的亚原子粒子。天基太阳望远镜与其他空间望远镜相似，它们的设计都需要适应来自其观测目标的强烈辐射和粒子流。

 **有哪些著名的天基太阳望远镜？**

著名的天基太阳望远镜的包括太阳极大使者，该望远镜从 1980 年 2 月运行到 1989 年 11 月；1996 年 12 月 2 日发射的太阳和日球层探测器；以及 1998 年 4 月 2 日发射的过渡区与日冕探测器。

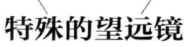

**特殊的望远镜**

 **哪种望远镜利用冰来研究宇宙？**

当中微子穿透物质时，碰撞会产生短暂的蓝色闪光，这被称为切伦科夫辐射。如果这种闪光发生在没有气泡或其他杂质的冰块中，那么切伦科夫光可以被灵敏的光电传感器探测到。天体物理学家利用冰的这种不寻常的特性，建造了世界上最大的中微子望远镜。南极 μ 子和中微子探测器阵项目由 19 条长长的光电探测器链组成，这些探测器链被嵌入南极点下方超过 1 英里（约 1.6 千米）深的冰层中。南极 μ 子和中微子探测器阵是另一个更大型的项目冰立方中微子天文台的一部分，这是一个国际科学项目，最终将在南极洲 1 立方千米的冰层中悬挂数千个光电探测器。

 **哪种望远镜可以用来观测宇宙线？**

宇宙线能量巨大，几乎可以穿透任何障碍物，包括地球。不过，它们偶尔会与地球大气层中的物质发生碰撞，这种相互作用会喷射出一连串电磁辐射，这被称为切伦科夫辐射。为了研究宇宙线，天文学家们建造了大气切伦科夫探测器。通过分析这些辐射，科学家们可以推断出产生它们的宇宙线的重要特性。

 **有哪些著名的大气切伦科夫探测器？**

　　著名的大气切伦科夫探测器包括美国亚利桑那州霍普金斯山上的惠普尔天文台的甚高能辐射成像望远镜阵，以及美国新墨西哥州的桑迪亚国家实验室国家太阳能热测试设施的太阳能塔大气切伦科夫效应实验。

 **哪种望远镜可以用来观察空间的翘曲？**

　　当宇宙中发生剧烈的爆炸，如超新星爆发或两个黑洞碰撞时，空间本身会受到影响。天体物理学家创建了激光干涉引力波天文台，试图探测此类事件中产生的引力波。该天文台有两个设施，一个位于路易斯安那州，另一个位于华盛顿州；它们在地下深处安置了超灵敏的激光干涉系统。但到目前为止，还没有探测到引力波。

## 空间望远镜

 **为什么将望远镜放在太空中很重要？**

　　地球大气层阻挡了大部分来自天文源的电磁波，包括 γ 射线、X 射线、远紫外线和远红外线。此外，风、雨、雪等大气扰动也会阻碍我们对太空的观测。因此，空间望远镜能够拍摄到比从地球上拍摄更为清晰的图片，它们能够收集到根本无法到达地球表面的光线。

▍哈勃空间望远镜

 **最著名的空间望远镜是哪台？**

　　哈勃空间望远镜以美国天文学家埃德温·哈勃的名字命名。它于 1990 年 4

月 24 日由"发现号"航天飞机发射升空，由美国国家航空航天局和欧洲航天局共同运营。自那以后，这台望远镜比历史上任何其他望远镜都更大地改变了我们对宇宙的认识。无论是在科学上还是在社会上，这台空间望远镜都成了我们这一代人最具影响力的科学设施。

 ## 哈勃空间望远镜有哪些特征？

哈勃空间望远镜刚好能放入航天飞机的货舱中。它的大小与一辆大型校车相当，而其相机和摄谱仪则与电话亭差不多大。它的总质量约为 13 吨。哈勃空间望远镜的主镜直径为 2.4 米——与现代的地面望远镜相比，这是一个相对较小的尺寸，但迄今为止，它是发射到太空中的望远镜中最大的。哈勃空间望远镜配备有 2 块大型太阳能电池板，用于在望远镜工作时为多个系统提供电力。

 ## 哈勃空间望远镜的轨道在哪里？

哈勃空间望远镜在地球表面上方约 240 英里（约 386.2 千米）的轨道上运行。它每 90 分钟绕行地球一周。

 ## 哈勃空间望远镜项目是如何规划的？

1946 年，美国天文学家莱曼·斯皮策首次提出了建造轨道望远镜的设想。20 世纪 70 年代初，"阿波罗"计划接近尾声时，美国国家航空航天局采纳了一项建造空间望远镜的初步提案。然而，由于费用高昂，美国国会推迟了该项目的实施。1977 年，欧洲航天局加入这一项目，成为美国的合作伙伴，同意为项目提供 15% 的设备，条件是获取望远镜 15% 的观测时间。

哈勃空间望远镜的建造历时 8 年，耗资约 15 亿美元，于 1985 年完成。但 1986 年"挑战者号"航天飞机的灾难发生后，航天飞机因此停飞了 2 年多，望远镜的发射工作被推迟。最终，哈勃空间望远镜于 1990 年 4 月 24 日被"发现号"航天飞机送入太空。

 ## 哈勃空间望远镜发射后发生了什么？

1990 年，哈勃空间望远镜发射升空并进入轨道后，初步测试显示该望远镜存在几个重大缺陷。太阳能电池板会随着望远镜绕轨飞行而产生轻微抖动，从而导致拍摄到的图像变得模糊；更糟糕的是，主镜的形状不对。结果就是图像中出现了一种叫作球差的光学效应，使图像质量下降了近 90%。这对天文学家来说是一个巨大的打击，他们可是一直热切地期待着获得当时为止最清晰的宇宙图像。

## 哈勃空间望远镜是如何修复的？

首先，科学家花费了数月的时间来精确确定望远镜的问题。确定后，建造了新的太阳能电池板，并制造了特殊的光学设备来修复光学性能。其中最主要的是 COSTAR 光学改正系统，这是一套由 3 枚硬币大小的镜子组成的装置，可以将来自主镜的光线聚焦到正确的位置，以及一台名为 WFPC-2 的新相机。

1993 年 12 月，"奋进号"航天飞机上的 4 名宇航员完成了对哈勃空间望远镜的必要维修工作。他们在发射 2 天后追上了哈勃空间望远镜，使用航天飞机的机械臂将其送入航天飞机的货舱。在接下来的近 1 个星期的时间里，他们对望远镜进行了必要的维修和保养。1993 年 12 月 18 日清晨，修复后的望远镜拍摄的第一批图像被传输了回来。

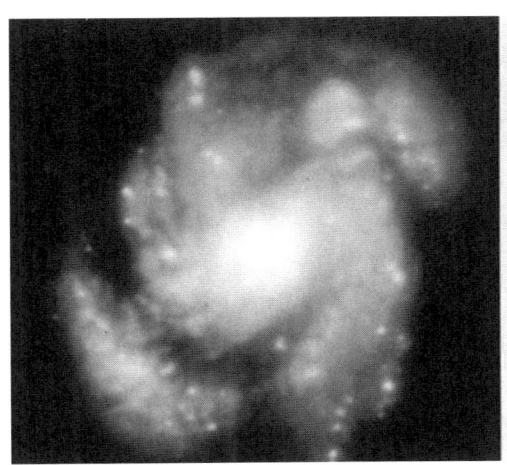 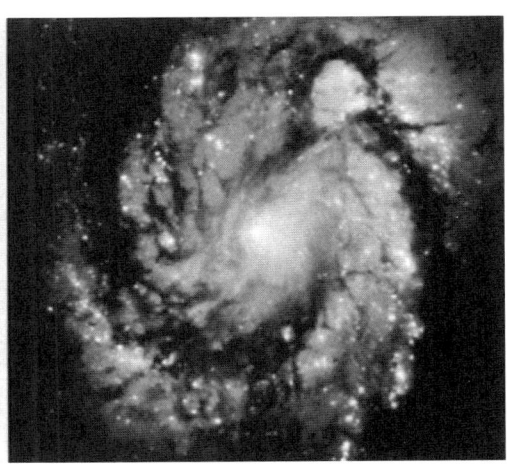

哈勃空间望远镜的镜子更换后，它传回地球的图像质量有了显著提高。

## 哈勃空间望远镜最重要的发现有哪些？

限于篇幅，这里只能列举哈勃空间望远镜让天文学家们做出的令人难以置信的宇宙发现之中的极少数几个。利用哈勃空间望远镜，天文学家们拍摄了有史以来最深远的宇宙图像；发现了宇宙中最遥远的星系（距离地球130亿光年）；测量了宇宙的膨胀率；证实了暗能量的存在以及宇宙的加速膨胀；发现了冥王星轨道上的2颗微小的卫星；证明了大多数旋涡星系和椭圆星系中都存在超大质量黑洞。

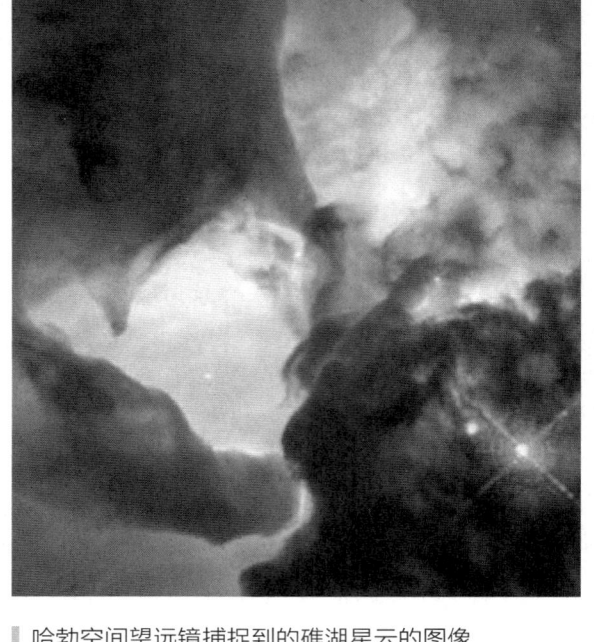

哈勃空间望远镜捕捉到的礁湖星云的图像

 **哈勃空间望远镜有什么社会影响？**

哈勃空间望远镜不仅彻底改变了天文学，还在国际科学事业的结构中产生根本性变革，从而改变了全球科学的运作方式。哈勃空间望远镜收集的所有数据最终都会向全世界的每一位科学家开放，因此任何人都可以利用这些数据做出重大发现。哈勃空间望远镜最初遭遇的失败迫使美国国家航空航天局改变其工作方式，从而开启了一个公众宣传、交流和教育的新时代，无论是不是科学家，每个人都能感受到天文发现有多激动人心。

# 天 文 台

 **天文台是什么？**

天文台是进行天文观测的设施。天文台可能只有1台望远镜，不过一般情况下有多台望远镜。现代天文台有时甚至不设在望远镜所在地，而是科学家聚集在一起获取和分析数据的地点，他们使用的望远镜有时远在地球的另一端或太空中。

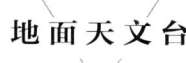

# 地面天文台

## 天文学家怎样为天文台选址？

如今，天文学家会花费数年时间考察潜在的天文台所在地，以找到建造和安装望远镜的最佳地点。理想情况下，望远镜应位于高海拔地区，且该地区无空气污染或光污染，大气流动平稳且可预测，对生态环境的影响相对较小，人类、机械和设备能够到达、确保安全并得到良好维护和保养。

由于全球这样的地点数量有限，因此好的天文台位置往往会吸引多台望远镜落户同一地点。随着世界人口的激增，以及对优质天文台选址的科学要求日益提高，天文学家不得不寻找越来越偏远的地点来建造天文台，如智利的阿塔卡马沙漠、墨西哥的偏远山区，以及夏威夷和加那利群岛等海洋群岛。

## 欧洲南方天文台是什么？

欧洲南方天文台是一个由欧洲各国组成的联合体运营的天文设施系统。其总部位于德国加兴，但正如其名称所示，其观测设施位于南半球——具体来说，是智利的北部。其主要设施是位于帕拉纳尔山的包含 4 台大型望远镜的甚大望远镜。其原始设施位于拉西拉山，该地目前仍然有欧洲南方天文台及其许多成员国运营的多台望远镜。

## 美国有哪些国家天文台？

美国的国家天文台主要由美国国家科学基金会资助，包括美国国家光学天文台和美国国家射电天文台。二者都运营着多个设施。美国国家光学天文台拥有美国国家太阳观测台、位于亚利桑那州南部的基特峰国家天文台、位于智利拉塞雷纳附近的托洛洛山美洲天文台，以及美国国家光学天文台双子座科学中心，该中心负责一台位于智利帕琼山的望远镜和另一台位于夏威夷莫纳克亚的望远镜；其主要办公室位于亚利桑那州图森市。美国国家射电天文台拥有位于新墨西哥州索科罗附近的甚大阵、位于西弗吉尼亚州绿岸的绿岸射电天文台、跨越 5 000 多英里（约 8 046.7 千米）的甚长基线阵，以及位于智利北部阿塔卡马沙漠的查赫南托尔高地的阿塔卡马大型毫米波阵；其主要办公室位于弗吉尼亚州夏洛茨维尔。

 **澳大利亚有哪些天文台？**

澳大利亚有许多著名的射电望远镜，包括在"阿波罗号"登月任务中负责通信的帕克斯射电望远镜。斯特朗洛山和赛丁泉天文台是澳大利亚首屈一指的天文学研究设施，由澳大利亚国立大学运营。

 **非洲有哪些天文台？**

非洲最著名的天文台是南非天文台，其办公室位于开普敦附近，其望远镜位于卡鲁地区的萨瑟兰。最大的望远镜是南非大型望远镜，于 2005 年首次投入使用。

 **亚洲有哪些天文台？**

位于俄罗斯下阿尔赫兹附近的大型地平装置望远镜可能是亚洲最著名的望远镜，口径达 6 米。该望远镜位于帕斯图霍夫山顶，在斯塔夫罗波尔以南约 150 千米，黑海和里海之间。自 1976 年以来，它一直运行至今，并一度是世界上最大的望远镜。

 **英国有哪些著名的天文台？**

虽然英国本土没有重要的研究型望远镜，但英国几个世纪以来一直是天文学研究的中心，在天文学方面有着丰富的历史。例如，焦德雷班克天体物理中心仍然是曼彻斯特的一个主要的射电天文学研究中心。格林尼治皇家天文台虽然不再是一个天文学研究机构，但它作为本初子午线的所在地仍然具有重要意义。

 **大西洋上有哪些天文台？**

加那利群岛中的特内里费岛上有泰德峰天文台，拉帕尔马岛上有穆查丘斯罗克天文台。这 2 个天文台目前拥有来自 17 个国家的 60 个科学机构的望远镜和其他仪器。这些观测设施是欧洲北方天文台的一部分。

 **太平洋上有哪些天文台？**

夏威夷群岛上有许多重要的天文台，其中包括可能是世界上最好的地基望远镜观测点：比格艾兰的死火山冒纳凯阿火山的顶峰。那里的一些重要望远镜包括日本国立天文台的昂星团望远镜、北双子望远镜、麦克斯韦望远镜、英国红外望远镜、加拿大-法国-夏威夷望远镜，以及 2 台凯克望远镜。

 **有哪些著名的大学天文台？**

最著名的大学天文台包括哈佛-史密松天体物理中心；加利福尼亚大学的利克天文台；加州理工学院的帕洛马天文台，以及与加利福尼亚大学合作运营的凯克望远镜；夏威夷冒纳凯阿火山上的望远镜，以及毛伊岛上的米斯太阳观测台，部分由夏威夷大学运营；还有亚利桑那大学的斯图尔德天文台、亚利桑那射电天文台和格雷厄姆山国际天文台。

 **有哪些著名的私人天文台？**

史密松天体物理台是史密松学会的一个部门，多年来与哈佛大学天文台合作，共同运营位于马萨诸塞州剑桥市的一个拥有约 300 名科学家的研究设施——哈佛-史密松天体物理中心。1 个世纪前，珀西瓦尔·洛厄尔在亚利桑那州弗拉格斯塔夫创立了洛厄尔天文台，旨在探索包括"X 行星"在内的各种天文现象；今天，它仍然是天文学研究的中心之一。

当今规模最大、最负盛名的私人天文台或许要数华盛顿卡耐基研究所的天文台。富有的企业家安德鲁·卡耐基于 1902 年创立了卡耐基研究所，自那时起，该研究所便一直是天文学研究的重要力量。卡耐基天文台目前在美国加利福尼亚州帕萨迪纳市和智利拉斯坎帕纳斯市设有设施，后者是 2 台麦哲伦望远镜的所在地。卡耐基研究所位于华盛顿的办公室也是地磁学部门的所在地，该部门近 1 个世纪中在天文学领域有着非常重要的地位，其天体物理学家们在暗物质、天体生物学和系外行星等领域的研究中取得了开创性成果。

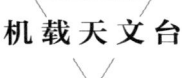

## 机 载 天 文 台

 **机载天文台是什么？**

机载天文台是安装在飞机上的望远镜，它可以在飞机飞行时进行观测。

## 天文学家为什么要使用机载天文台？

当飞机飞行在大约 12 500 米的高度时，它已经位于地球大气层中 99% 的水蒸气之上。由于水蒸气会吸收红外辐射，因此位于水蒸气之上的望远镜有利于进行红外观测。此外，相比于空间天文台，机载天文台易于维修、升级和实时调整；相比于地面天文台，机载天文台的灵活性更大，因为飞机可以飞往世界各地并在不同地点进行操作。

 ## 机载天文台有没有缺点？

机载天文台确实存在一些缺点。首先，在飞行的飞机上操作望远镜比从地面的固定位置操作花费更高，且技术上更具挑战性。其次，飞机能够携带的重量有限，因此与地面望远镜相比，机载望远镜可能相对较小。所以，机载天文台几乎仅用于远红外观测，在这一领域它们相对于地面设施具有最大的优势。

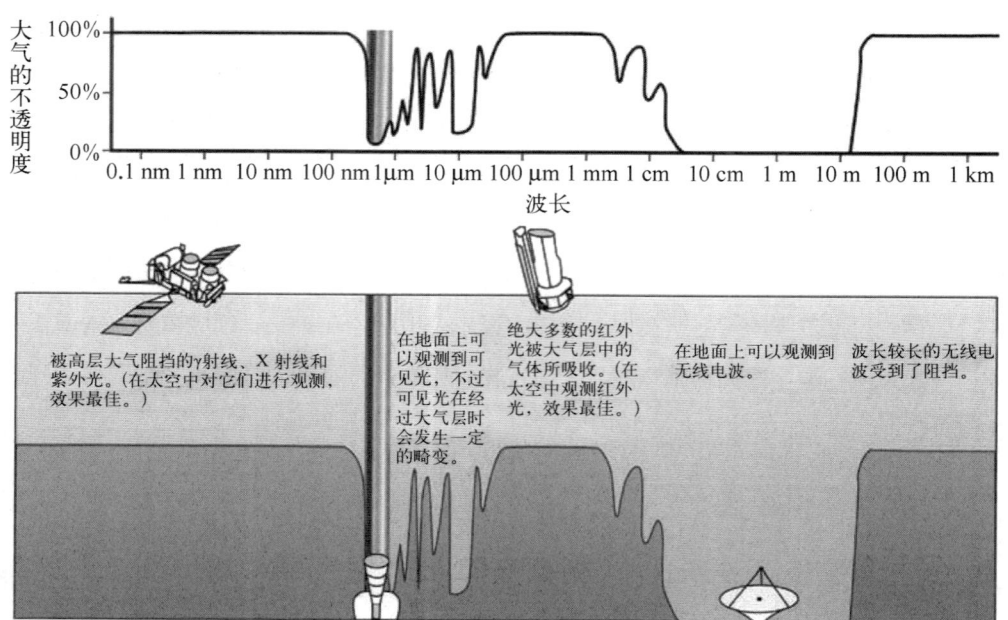

地球的大气层会阻挡各种波长的光和其他能量，因此需要机载天文台和空间天文台来克服这种干扰。

### 第一个机载天文台是哪个?

自 1957 年以来,天文学家们就一直在高层大气中进行观测。20 世纪 60 年代末,一架康维尔 990 型喷气式飞机被改造成第一个长期的机载天文台。20 世纪 70 年代初,一架装备有直径 30 厘米的望远镜的利尔喷气式飞机取代了前者。

 ### 柯伊伯机载天文台是什么?

以荷兰裔美国天文学家杰拉德·柯伊伯命名的柯伊伯机载天文台自 1974 年起由美国国家航空航天局运营。它是一架经过改装的 C-141 "运输星" 军用货运飞机,搭载了一台直径 0.9 米、重约 2 700 千克的望远镜。该天文台位于加利福尼亚州的美国国家航空航天局艾姆斯研究中心,每年大约进行 70 次科学飞行。

在为人类服役超过 20 年后,柯伊伯机载天文台于 1995 年退役。在其推动下,众多科学发现得以问世,包括天王星周围的行星环、木星大气层中的水蒸气、有时环绕冥王星的稀薄大气层,还有对彗星、小行星和星际介质的开创性研究。

 ### 索菲亚平流层红外天文台是什么?

索菲亚平流层红外天文台是一个机载红外天文台。这是一架波音 747 客机,经过改装后能够携带一台直径 2.5 米的望远镜,飞行高度约 12 500 米。索菲亚平流层红外天文台是美国国家航空航天局和德国宇航中心的联合项目。它于 2007 年 4 月 26 日进行了首飞。

# 射 电 天 文 学

 ### 射电望远镜的原理是什么?

射电望远镜的工作原理与你的汽车收音机上的天线非常相似。任何长条形的金属都能接收经过它的无线电波,而任何由金属制成的片材或支架都能反射无线电波。射电望远镜是特制的巨型天线,用于反射无线电波并将其聚焦到一个点。在那个点上,无线电波可以像可见光一样被探测、放大并解读成图像或光谱。由于无线电波的波长是可见光

墨西哥的一排射电望远镜正搜寻来自外层空间的无线电波。

的数百万倍甚至数十亿倍，因此射电望远镜通常非常大，或者由大型的、利用干涉测量来创建更详细图像的望远镜阵列组成。

 ## 谁开创了射电天文学的先河？

　　美国无线电工程师卡尔·央斯基建造了第一台射电望远镜，在几乎完全偶然的情况下创立了射电天文学。作为新泽西州贝尔电话实验室的一名员工，央斯基被分配了一项任务，即找出干扰跨大西洋无线电通信的无线电干扰源。央斯基用木头和黄铜制作了一个射电天线，以检测特定频率的无线电信号。他发现了 3 个信号源，其中 2 个是雷暴，但第三个产生稳定嘶嘶声的干扰源还是个谜团。央斯基后来意识到，这个信号是由银河系中的星际气体和尘埃产生的。他还观察到，该信号在射手座的方向上最强，我们现在知道银河系的中心就位于那里。

　　1932 年，央斯基发现了来自太空的无线电波。这一消息激发了另一位美国无线电工程师格罗特·雷伯的灵感，他随后于 1937 年建造了自己的射电望远镜。在接下来的 10 年里，雷伯研究了来自太空的无线电波，并绘制了银河系中的无线电信号图。他的工作表明，我们银河系中的大多数无线电波不是由恒星产生的，而是由富含氢元素的星际气体云产生的。雷伯的研究成果发表在《天体物理学》杂志上，题为《宇宙静电》，为

1945 年第二次世界大战结束后射电天文学的蓬勃发展奠定了基础。

 ## 阿雷西博射电望远镜是什么？

　　位于波多黎各阿雷西博的阿雷西博天文台由美国国家科学基金会和纽约州伊萨卡市的康奈尔大学联合运营。阿雷西博射电望远镜的天线盘令人叹为观止。它坐落在山谷中的高地上，被群山环抱，直径达 305 米，占地面积超过 25 个足球场。其格里高利反射镜系统位于射电天线盘的焦点处，重达 75 吨，悬挂在空中 137 米的高度；它连接到一个更大的、重达 600 吨的观测平台上，该平台也悬挂在半空中。

 ## 绿岸射电望远镜是什么？

　　罗伯特·C. 伯德绿岸射电望远镜位于美国国家射电天文台在西弗吉尼亚州波卡洪塔斯县的绿岸观测站。绿岸曾有一个比现有望远镜小一些的大型射电望远镜，在运营了 25 年后于 1988 年倒塌。

　　目前的绿岸射电望远镜重达 7 500 吨，其收集面积几乎是 2 个足球场的面积；它不是一个绝对的圆形，长度为 110 米，宽度为 100 米。望远镜安装在一个直径为 64 米的轨道上，因此望远镜可以朝向任何方向，观测整个天空。此外，构成其表面的 2 004 块面板都安装在由电机驱动的活塞上，这样就可以微调表面的形状，以进行非常精确的观测。

 ## 甚大阵射电望远镜是什么？

　　甚大阵射电望远镜被公认为世界上首屈一指的天文射电观测台。它由 27 个射电天线组成，每个天线直径 25 米，重 230 吨，以 Y 形布局排列在美国新墨西哥州索科罗附近的高原沙漠上。所有天线的数据都结合干涉测量，使得单个天线的分辨率高达 36 千米，灵敏度相当于一个直径 130 米的射电望远镜天线。甚大阵射电望远镜昼夜不停地测量和研究遥远的射电源，如脉冲星、类星体和黑洞等。这 27 个天线每个都超过 7 层楼高，所在地周围风景如画，经常激发电视和电影制作人的创意想象，他们以此为背景，拍摄了众多科幻和科学题材的电视剧和电影。

 ## 深空网络是什么？

　　美国国家航空航天局的深空网络是一个国际射电天线网络，为地球上的科学家与行

▌堪培拉深空通信综合体是美国国家航空航天局的深空网络的 3 个全球站点之一。

星际航天器任务提供通信服务。深空网络在世界各地设有 3 处设施，以便全天候进行通信：一个位于澳大利亚堪培拉附近，一个位于西班牙马德里附近，一个位于美国加利福尼亚州南部莫哈韦沙漠的戈德斯通苹果谷。它不仅支持一些地球轨道任务，有时还用于对太阳系及更远天体的射电天文观测。

# 微 波 天 文 学

 **微波望远镜是如何工作的？**

　　微波辐射的波长范围很广，极冷的天文源可能产生微波辐射，原行星盘和星际分子云这样的温暖的天文源也会产生微波辐射。微波望远镜必须既能像红外望远镜一样工作，也能像射电望远镜一样工作，因此，它们的建造和操作结合了多种迷人的技术。根据科学目标的不同，它们可以被放置在太空、高空气球中，或者山顶的天文台上。微波望远镜使用的探测器包括测辐射热计和外差式接收机。

 **谁开创了微波天文学的先河？**

　　早期的射电天文学家致力于制造能够探测微波的射电望远镜。然而，实际上一些为无线通信目的而制造的设备才是早期最有效的微波望远镜。20 世纪 60 年代，天文学家阿诺·彭齐亚斯和罗伯特·威尔逊使用贝尔电话实验室建造的位于美国新泽西州默里山的高灵敏度的微波天线，研究来自天文源的微波辐射。他们发现了宇宙微波背景，这是证实宇宙大爆炸起源理论的关键证据。

###  地基微波望远镜是什么样的？

探测所谓的"亚毫米波"辐射的地基微波望远镜通常看起来像小型射电望远镜的碟形天线。它们通常比可见光望远镜大得多，而且结构非常精细，配备有非常灵敏的设备。著名的地基微波望远镜包括位于美国亚利桑那州东南部的格雷厄姆山国际天文台的亚毫米波望远镜、位于智利拉西拉的欧洲南方天文台的瑞典–欧洲南方天文台亚毫米波望远镜，以及位于美国夏威夷冒纳凯阿火山的加州理工学院亚毫米波天文台。

寒冷而干燥的地方是微波望远镜的最佳放置地点，而地球上最寒冷最干燥的地方是南极。南极洲天体物理研究中心有 2 台微波望远镜：（1）南极亚毫米波望远镜和远程天文台，以及（2）宇宙背景辐射各向异性实验。为了适应南极极端的环境条件，它们看起来与其他地方的微波望远镜略有不同。

###  宇宙背景探测器是什么？

宇宙背景探测器的用途是制作宇宙的详细微波图。宇宙背景探测器于 1989 年 11 月 18 日发射升空，并搭载了 3 台科学仪器：远红外绝对分光光度计、较差微波辐射计和弥漫红外背景实验。宇宙背景探测器收集的数据证实了宇宙微波背景的存在，这是大爆炸理论的证据。宇宙背景探测器测得微波背景的温度为 2.7 开尔文（接近绝对零度），背景中的不完美揭示出宇宙中结构的起源。

###  威尔金森微波各向异性探测器是什么？

威尔金森微波各向异性探测器是一台微波空间望远镜，旨在测量宇宙微波背景中存在的微小温度变化，即各向异性。通过测量各向异性的强度、数量和体积，天文学家可以追溯早期宇宙的演化，并推断出宇宙作为一个整体的基本属性。该探测器以美国天体物理学家戴维·威尔金森的名字命名，他的科学成就众多，是宇宙微波背景测量和研究的先驱。

　　威尔金森微波各向异性探测器对天文学家理解宇宙产生了巨大影响。它最重要的成果可能是证实了宇宙的几何形状是"平坦"的，以及70%的宇宙是由神秘的"暗能量"组成的。

 **回旋镖球载望远镜取得了哪些成就？**

　　回旋镖球载望远镜是一台微波望远镜。它被装载在高空气球上，升空数千米，对宇宙微波背景进行详细的测量。回旋镖球载望远镜曾在南极上空飞行过2次：一次是在1998年，另一次是在2003年。借助它，天文学家收集了关于宇宙背景辐射的各向异性的极重要的数据，包括热点和冷点在宇宙中的分布情况。天文学家利用这些数据来研究宇宙的早期历史。

# 红 外 天 文 学

 **红外望远镜是什么样的？**

　　红外辐射大致可分为近红外、中红外（即热红外）和远红外三类。大多数地面望远镜都可以用来观测可见光和近红外辐射，中红外辐射可以从地球或太空观测到，远红外辐射则只有从太空中才可以有效地观测。一般来说，红外望远镜的外观和工作原理与可见光望远镜非常相似。然而，由于红外辐射是热能的一种形式，因此用于观测太空红外辐射的望远镜和相机如果采用深冷技术（通常使用液氦）冷却至接近绝对零度（不到10开尔文）则效果最佳。红外望远镜的数字探测器也由不同的物质制成，以提高它们对红外辐射的敏感度——大多数可见光探测器主要由硅制成，但近红外探测器通常由锗，或者砷化镓、锑化铟等稀有材料，或者由汞、镉和碲混合而成的汞镉碲制成。

 **有哪些著名的红外望远镜？**

　　天基红外望远镜有红外天文卫星和斯皮策空间望远镜。地基红外望远镜有航天局红外望远镜和英国红外望远镜，二者都位于夏威夷的冒纳凯阿火山。

##  红外天文卫星是什么？

1983 年，包括美国、英国和荷兰在内的国际科学联盟发射了红外天文卫星。红外天文卫星上的主望远镜是一台 58 厘米的反射望远镜。64 块半导体面板测量并记录下望远镜收集的红外光，然后通过无线电信号发送到地球。科学仪器被一大瓶液氦包围，以保持低温。大约 7 个月后，液氦全部蒸发到太空中，红外天文卫星停止运作。

##  红外天文卫星观测到了什么？

在 7 个月的观测周期中，红外天文卫星在中红外和远红外波长下进行了 2 次巡天。其最重要的科学成就是发现了一类非常明亮的星系，它们发出的光绝大多数是红外光；发现了"恒星育婴室"，即被尘埃气体云遮蔽的恒星诞生地；还发现并测绘了所谓的红外卷云，即广袤的、稀疏的星际气体和尘埃云，它们在远红外波长下发出微弱的光。

##  红外空间天文台是什么？

红外空间天文台是红外天文卫星的继任者。红外空间天文台于 1995 年 11 月发射，并于 1995 年 11 月 28 日启用。它的大小与红外天文卫星相近，且构造方式也大致相同，不过，它配备了更为灵敏的红外仪器，包括 2 台红外摄谱仪。与尽可能多地观测天空的红外天文卫星不同，红外空间天文台主要针对特定的天体和区域进行详细研究。它为斯皮策空间望远镜的发展铺平了道路。

##  斯皮策空间望远镜是什么？

斯皮策空间望远镜是迄今为止发射的最大、最先进的红外空间望远镜。与红外空间天文台一样，斯皮策空间望远镜用于进行对特定目标的观测，而不是巡天。然而，它比红外空间天文台大得多，并且在成像效果、光谱分辨率以及灵敏度等方面都优于红外空间天文台。斯皮策空间望远镜于 2003 年 8 月 25 日发射升空，并于当年 12 月 18 日向公众发布了第一批图像。

**斯皮策空间望远镜发现了什么?**

斯皮策空间望远镜已经获得了许多发现,其中包括全新的棕矮星族、围绕年轻恒星的众多系外行星和原行星盘、被大量星际尘埃遮蔽的遥远星系和类星体,还拍摄了迄今为止最为详尽的银河系中心照片。

 **斯皮策空间望远镜是以谁的名字命名的?**

斯皮策空间望远镜以美国天体物理学家莱曼·斯皮策的名字命名的,他在天体物理领域做出了许多基本性的发现,特别是关于星际物质的性质以及星际介质中的物理过程。1946 年,斯皮策第一个提出可以设计、建造并发射大型轨道望远镜。为了表达对他的敬意,美国国家航空航天局的 4 个大型天文台之一的空间红外望远镜设施以斯皮策的名字命名。

# 紫 外 天 文 学

 **紫外望远镜有什么特别之处?**

和 X 射线望远镜一样,为了有效观测,紫外望远镜需要位于地球大气层之上。其镜面技术与可见光望远镜大致相同,但探测器的制造工艺是特别的,要对紫外线敏感。例如,它们使用特别制造的电荷耦合器件和多阳极微通道阵。最大的紫外空间望远镜是哈勃空间望远镜。

 **第一批部署在太空的紫外望远镜有哪些?**

第一批紫外望远镜包括 1962—1975 年发射的 8 个轨道太阳观测站。这些观测站用于测量太阳的紫外辐射。它们收集的数据为科学家提供了更加完整的日冕图像。此外,还部署了一系列轨道天文台,用于研究除太阳以外的天体的紫外辐射,包括数千颗恒星、1 颗彗星以及多个星系。1972—1980 年,轨道天文台中的哥白尼天文卫星收集了多颗恒星的紫外数据,以及星际介质的温度、成分和结构的数据。

## 国际紫外探测器是什么？

国际紫外探测器于 1978 年发射升空，并于 1978 年 1 月 26 日获得了首个天文对象的紫外线光谱。其最后一次科学光谱观测是在 1996 年 9 月 30 日。国际紫外探测器获得了超过 104 000 次的观测数据，为天文学家提供了关于行星、恒星和星系的紫外线特性的首批准确信息，这些数据至今仍被用来解释近期的观测结果。

 ## 极紫外探测器是什么？

极紫外探测器是首个专门用于观测宇宙中最短波长的紫外线区域的望远镜。这种紫外辐射的能量几乎与 X 射线辐射相当，因此极紫外探测器的建造结合了紫外望远镜和 X 射线望远镜技术。它于 1992 年 6 月 7 日发射升空，并一直运行到 2001 年 1 月 31 日。其科学成就包括：编制了包含 801 个天体的全天区目录；首次在银河系外探测到极紫外辐射的天体；探测到恒星发出的极紫外辐射；以及观测到特殊天体的特定活动，如矮新星中的准周期振荡。

 ## 远紫外分光探测器是什么？

远紫外线分光探测器于 1999 年 6 月 24 日发射升空。它是国际紫外探测器的继任者，并采用了许多新技术，其中包括使用 4 个镜段而非单一主镜。远紫外线分光探测器的设计目的之一是研究宇宙早期的物质分布与组成、化学元素在星系中的分布以及孕育恒星的星际气体云的特性等。在成功完成 3 年的主要任务后，远紫外线分光探测器开始了时间更长的次要任务，取得了更多里程碑式的科学成就，包括发现了遥远宇宙中的氘，观测到大麦哲伦云和小麦哲伦云中的数百颗恒星。远紫外线分光探测器于 2007 年 10 月 18 日退役。

 ## GALEX 星系演化探测器是什么？

GALEX 星系演化探测器是 2003 年 4 月 28 日发射的轨道紫外线空间望远镜。一枚"飞马座号"运载火箭将 GALEX 星系演化探测器送入了一个高度为 697 千米的近圆轨道。其主要任务是拍摄超过 10 万个星系、恒星和其他天文对象的紫外线图像并进行光度测量。GALEX 星系演化探测器对极热的恒星（通常是年轻且明亮的主序星，或是炽热的白矮星）非常敏感，因此，它对于近邻星系和遥远星系中的恒星形成的历史和过程做出了非常重要的发现。

# X 射线天文学

 **制造 X 射线望远镜有什么难点？**

X 射线能量巨大，如果它们正面击中一般的望远镜镜片，往往会直接穿透过去。因此，X 射线望远镜采用层层嵌套的"掠射镜片"，这些镜片能以非常小的角度反射 X 射线。由于需要使用掠射光学元件，设计 X 射线望远镜极具挑战性。（与光学望远镜相比，它们往往看起来像是对准了后面的目标！）此外，X 射线很难穿透大气层，因此所有的 X 射线望远镜都一定是空间望远镜。然而，克服这些困难后的科学回报是丰厚的。X 射线望远镜为天文学家提供了直接研究宇宙中一些能量极大的现象的机会，如新星、超新星、脉冲星和黑洞。

 **第一台 X 射线望远镜是哪台？**

1962 年，由意大利裔美国物理学家里卡尔多·贾科尼领导的科研团队使用一枚火箭将一台 X 射线望远镜送入太空。这次飞行仅持续了几分钟，但在穿越大气层中会吸收辐射的部分后，望远镜首次探测到了来自星际空间的 X 射线，其中包括一个来自天蝎座方向的强烈信号源。20 世纪 60 年代后续的飞行探测到了许多其他来源的 X 射线，包括天鹅座方向和金牛座方向（蟹状星云）的 X 射线。

位于美国亚拉巴马州亨茨维尔市的马歇尔空间中心，一名研究人员正在研究 X 射线望远镜技术。

**第一颗 X 射线天文卫星是哪颗?**

第一颗专门为 X 射线天文学设计的卫星是"乌呼鲁"(Uhuru),在斯瓦希里语中意为"和平"。"乌呼鲁"X 射线卫星于 1970 年发射升空,并在其服役期间绘制出了第一张 X 射线天图。

 **高能天文台的任务是什么?**

美国国家航空航天局先后发射了 3 个高能天文台,这是一系列用于研究 X 射线、γ 射线和其他宇宙线的望远镜。"高能天文台 1 号"运行了 1 年半,其间对许多 X 射线天文源(如类星体和脉冲星)进行了持续监测。"高能天文台 2 号",也被称为爱因斯坦天文台,从 1978 年 11 月运行至 1981 年 4 月,拍摄了当时分辨率最高的 X 射线天图。"高能天文台 3 号"于 1979 年发射,主要关注 γ 射线和其他宇宙线。爱因斯坦天文台为钱德拉 X 射线天文台(美国国家航空航天局最重要的 X 射线天文台)铺平了道路,而"高能天文台 3 号"则为康普顿 γ 射线天文台的发展打下基础。

 **伦琴 X 射线天文台是什么?**

伦琴 X 射线天文台是继高能天文台之后的下一代 X 射线空间天文台。它由德国的科学团队领导,以发现 X 射线的德国物理学家威廉·康拉德·伦琴的名字命名。

 **多镜面 X 射线空间望远镜是什么?**

多镜面 X 射线空间望远镜是欧洲主要的 X 射线天文台级空间望远镜,也是欧洲有史以来建造过的最大的在轨科研用有效载荷。它于 1999 年 12 月 10 日发射升空,由欧洲航天局运营。除了其主 X 射线望远镜(有史以来最灵敏的望远镜)外,它还搭载了一台较小的监测望远镜,该望远镜可在紫外光和可见光下工作。这台望远镜与 X 射线望远镜共轴,指向空间中的同一位置,使天文学家能够立即在详细的可见光图像中定位 X 射线源。

 **多镜面 X 射线空间望远镜有哪些发现?**

以下列举多镜面 X 射线空间望远镜的众多发现中的一些:直接探测到物质落入黑洞的

现象；详细研究超新星和其他恒星的爆炸；观测到新的白矮星、中子星和类星体。此外，它对 γ 射线暴的观测是开创性的。

 ### 钱德拉 X 射线天文台是什么？

钱德拉 X 射线天文台是美国国家航空航天局发射过的功能最强大的 X 射线望远镜任务。它于 1999 年 7 月 23 日搭乘"哥伦比亚号"航天飞机发射升空。它在椭圆的轨道上绕地球运行，离地球表面的最近距离为 1 万千米，最远距离可达 14 万千米。虽然距离变化极端的轨道给操作带来了挑战，但它使得科学家们能够在不同的轨道高度进行多种类型的观测，这在单一轨道高度上是无法实现的。钱德拉 X 射线天文台拍摄的 X 射线图像的分辨率远超以往任何 X 射线望远镜，因此，它拍摄到了复杂且能量极高的天文系统的详细图像，如超新星遗迹、超大质量黑洞系统（包括银河系中心的人马 A）、恒星爆炸产生的冲击波、土卫六的 X 射线阴影，以及星系密集的星团中温度高达数百万摄氏度的气体。

 ### 钱德拉 X 射线天文台是如何得名的？

这一天文台曾被称为高新 X 射线天体物理台。在成功部署之后，为了纪念获得诺贝尔奖的印度裔美国天体物理学家苏布拉马尼扬·钱德拉塞卡，该航天器被命名为钱德拉。

# γ 射线天文学

 ### γ 射线望远镜有什么特别之处？

γ 射线是能量最高的电磁辐射，因此它们能够穿透任何类型的镜面材料，即使是在掠射角下也能如此。γ 射线望远镜所采用的技术与其他类型的望远镜截然不同，包括塑料、气体和晶体的闪烁探测器，编码孔径掩模和阵列，以及火花室和硅条探测器。

 ### 最早的 γ 射线望远镜有哪些？

早期的空间望远镜虽然效率很低且精确度不高，但仍然能够探测到一些 γ 射线。

1961 年，"探险者 11 号"探测到了微弱的 γ 射线流。1967 年，轨道太阳观测站系列卫星中的第三颗被用于探测宇宙中的 γ 射线。1972 年发射的 SAS"小天文卫星 2 号"也是一个具有重要价值的早期 γ 射线天文台。

###  什么意外发现推动了 γ 射线天文学的蓬勃发展？

20 世纪 60—70 年代，美国政府发射了围绕地球运行的卫星，以监督当时美苏之间签订的禁止核试验条约。这些卫星上的探测器旨在探测来自地球表面的 γ 射线暴，γ 射线暴的存在可以提示地球上发生了核爆炸。令人惊讶的是，这些卫星每隔几天就会探测到一次 γ 射线暴，但没有一次是来自地球的。科学家们意识到，这些卫星发现了一种新的天文现象。在这项军事任务的数据被公开后，γ 射线暴现象激发了 γ 射线天文学的发展，并推动了 γ 射线望远镜的设计。

###  COS-B 天文卫星是什么？

COS-B 天文卫星是欧洲航天局于 1975 年 8 月 9 日—1982 年 4 月 25 日运营的一台 X 射线和 γ 射线望远镜。COS-B 天文卫星取得的重要科学成果包括首张银河系的 γ 射线天图、对天鹅座 X-3 脉冲星的观测，以及一个包含 25 个高能 γ 射线源的目录。

###  康普顿 γ 射线天文台是什么？

康普顿 γ 射线天文台是美国国家航空航天局的四大空间天文台之一，负责高能天体物理任务。康普顿 γ 射线天文台于 1991 年 4 月 5 日发射升空，在 9 年多的时间中进行富有开创性的科学观测，它的工作十分完美。

康普顿 γ 射线天文台配备了 4 台主要的科学仪器，这些仪器在高能 X 射线和 γ 射线天文学领域都取得了重大科学发现。γ 暴及瞬变源探测仪监测整个天空，寻找爆炸的恒星和 γ 射线暴，它证实了 γ 射线暴是发生在河外星系中的能量极高的爆炸。成像康普顿望远镜能够同时成像近 1/10 的天空，而定向闪烁分光计则对天空的更小区域进行更详细的观测；二者共同绘制了太阳系、银河系乃至整个太空有史以来最灵敏、最详细的 γ 射线天图，并进行了相关研究。（定向闪烁分光计甚至发现了银河系中存在反物质流的证据！）最后，高能 γ 射线实验望远镜收集了有关极高能 γ 射线的数据，其观测结果使天文学家发现了类星体。

 **康普顿 γ 射线天文台是以谁的名字命名的?**

　　康普顿 γ 射线天文台是以荣获诺贝尔奖的美国物理学家阿瑟·霍利·康普顿的名字命名的。他率先研究了晶体中的 X 射线反射现象以及物质对 X 射线的散射。他还发现 X 射线光子在与电子相互作用时会转移部分能量,这一现象如今被称为康普顿效应。(其逆效应是亚原子粒子把能量转移给 X 射线,使辐射更加强大,这是类星体等天体产生高能 X 射线和 γ 射线的重要原因。)

 **康普顿 γ 射线天文台的最终命运是什么?**

　　康普顿 γ 射线天文台将近 17 吨,是有史以来发射过的质量最大的空间望远镜。这意味着,当其轨道衰减,再入大气层时,大块金属碎片很可能会留存下来并坠落到地球表面。当康普顿 γ 射线天文台的轨道导航和控制系统开始失效时,美国国家航空航天局的官员认为,如果天文台完全失控,无法确定碎片可能坠落的地点,会带来太大风险。因此,在 2000 年 6 月 4 日,康普顿 γ 射线天文台被小心地引导进入大气层,并成功地在南太平洋上空进行了离轨操作,碎片落入海洋,没有给人类带来任何伤害。

 **国际 γ 射线天体物理实验室是什么?**

　　国际 γ 射线天体物理实验室是由欧洲航天局运营的 γ 射线空间望远镜。它于 2002 年 10 月 17 日从哈萨克斯坦拜科努尔航天中心由俄罗斯的"质子号"运载火箭发射升空。作为 COS-B 天文卫星和康普顿 γ 射线天文台的继任者,它配备了多种科学仪器,能够拍摄 γ 射线图像并获取光谱数据。同时,它还有探测器,能够在收集 γ 射线数据的同时观测 X 射线和可见光,这对于研究恒星爆炸或类星体爆发等产生高能 γ 射线的事件非常有用。国际 γ 射线天体物理实验室的科学成就之一是绘制了完整的低能 γ 射线辐射天图。

 **雨燕 γ 射线暴探测器是什么?**

　　雨燕 γ 射线暴探测器任务是美国国家航空航天局与英国、意大利合作开展的一项中型探测任务。雨燕 γ 射线暴探测器于 2004 年 11 月 20 日从美国佛罗里达州卡纳维拉尔角发射升空。这是一个集 γ 射线、X 射线和紫外 / 可见光于一体的探测任务，专门用于研究 γ 射线暴，确定其起源，并探索它是否能作为探测早期宇宙的探针。雨燕 γ 射线暴探测器搭载了以下设备：γ 暴预警望远镜，一种用于探测 γ 射线暴的 γ 射线望远镜；X 射线望远镜，通过 X 射线辐射确定 γ 射线暴的位置；以及紫外 / 光学望远镜，拍摄 γ 射线暴发生位置及其产生的余晖光的详细图像。雨燕 γ 射线暴探测器在探测到 γ 射线暴后的几秒内自动收集这 3 种类型的数据，并立即向地球的天文学家发送有关 γ 射线暴的详细信息，这样就能立即对其进行研究。在不研究 γ 射线暴时，雨燕 γ 射线暴探测器的望远镜也可用于其他科学调查，如对宇宙进行高灵敏度的高能 X 射线普查。

# 天 文 学 方 法

测 光

 **测光是什么？**

测光是天文学中用来测量天体亮度和颜色的分支。通过测量在特定时间段内照射到地球表面某一区域的光能（换句话说，就是它看起来有多亮），可以确定光照强度。单位通常是尔格 /（平方厘米·秒），或者用视星等来表示。

 **现代天文学怎样测光？**

在现代天文学中，通常使用光电探测器或电荷耦合器件进行测光。此外，还会使用滤镜来控制被测量光的波长和颜色。这样一来，天文学家科学地分析光度数据的能力得到了加强。

大多数光度数据都是使用能够产生标准带通的滤镜获得的。带通是光的波长的明确范围，例如，天文学家将"V 波段"定义为波长为 500 ～ 600 纳米的带通，涵盖蓝绿色、绿色和黄色的光。当世界各地的天文学家测定相同带通的光时，可以更有效地比较、对比和分析得出的数据和结果。

 现代天文学中使用的标准带通有哪些？

天文学家经常通过独特的滤镜组合，创建特定的带通，以实现特定的科学目标。然而，多年来，天文学家发现一些带通对多种天文学分析普遍有用，这些标准带通构成了当今天文学中广泛应用的测光系统。在测量可见光的光度时，最常用的带通是 U 波段（紫外波段，波长 300 ~ 400 纳米）、B 波段（蓝色波段，波长 400 ~ 500 纳米）、V 波段（可见光波段，波长 500 ~ 600 纳米）、R 波段（红色波段，波长 600 ~ 700 纳米）和 I 波段（红外波段，波长 700 ~ 900 纳米）。对于红外观测，常用的标准带通有 Z 波段、J 波段、H 波段和 K 波段。

 天文学家所说的天体的"颜色"是什么意思？

在天文学中，天体的"颜色"是通过测量两个不同波段的光的亮度比率来量化的。例如，U 波段光和 B 波段光之比被称为 U-B 色指数，这是度量任何天体的颜色的一种方式。当短波段与长波段之比更大时，我们说该天体的颜色"更蓝"；当该比值较小时，我们说该天体的颜色"更红"。通常，恒星和星系等天文对象的光度测量是在一个以上的波段上进行的，从而确定出多种颜色。例如，获取某个星系的 U-B 色指数、B-V 色指数、V-R 色指数和 R-K 色指数等颜色信息，并将所有这些信息结合起来，就可以推断出该星系的重要特性，这在天文学上是很常见的做法。

 遥远天体的颜色能揭示它的哪些性质？

任何比周围环境温度更高的物体，其颜色都是该物体温度的重要指示。以恒星为例，在 U-B 色指数和 B-V 色指数上更蓝的恒星，几乎可以肯定其表面温度比更红的恒星更高。这些颜色有助于天文学家确定恒星的光谱类型：O 型星的光球温度最高，B 型星次之，然后是 A、F、G 和 K 型星，而 M 型星是最冷的。

对于像星系和星团这样的由大量恒星组成的天体，测量它们的颜色可以帮助天文学家确定哪种类型的恒星发出了多少光。如果一个遥远星系的颜色更蓝，那么该星系中可能有更多的热星；如果颜色更红，则可能热星较少。

# 光 谱 学

## 光谱学是什么?

光谱学是一个将光源发出的光分解成其组成颜色，以研究光源的性质的学科。光源产生的颜色分布图被称为光谱。

光谱学与测光相似，但更为详细。光谱学不像测光那样使用相对较宽的带通，其带通宽度只有几纳米或十分之几纳米，有时甚至比这还要窄。

光谱可能比我们最熟悉的紫、靛、蓝、绿、黄、橙和红色组成的彩虹复杂得多。当原子和分子与光源发出的光相互作用时，它们会显著地改变光谱，某些波段的光会增加或减少。天文学家能够根据这些变化推断出光源的许多性质，以及地球与光源之间介质的性质。因此，光谱学是天文学家用来了解宇宙的最重要的数据分析方法之一。

## 谁第一个在天文学中使用了光谱学?

德国物理学家古斯塔夫·罗伯特·基尔霍夫与化学家罗伯特·本生（以本生灯闻名于世）合作，共同论述了如何用光谱学识别元素。每种原子或分子与光相互作用，都会产生独特的颜色模式，这类似于超市中每种商品都可以通过独特的条形码进行识别。基尔霍夫表明，如果光线穿过气态物质，当气体较冷时，其中的原子和分子会吸收光线；当气体较热时，则会发出光线。因此，测量遥远光源的光谱，我们会发现由气体产生的暗色"吸收线"和亮色"发射线"的模式。这反过来又可以揭示气体中的原子和分子种类，以及它们所处的环境条件。基尔霍夫的光谱学定律构成了分析遥远天体光线的基础。

基尔霍夫在实验室中测量并研究了大量元素和化合物的光谱，同时也研究了恒星的光谱。英国天文学家威廉·哈金斯在基尔霍夫研究的基础上，利用照相技术记录了极微弱、极遥远的恒星的光谱，为天文学研究开辟了新途径。哈金斯如今被誉为恒星光谱学之父。

## 哪种化学元素是在天文光谱学研究中发现的?

天文光谱学的一个早期重大的科学成就是发现了氦元素。由于氦气比空气轻，在没有受到控制的情况下它会离开地球大气层。而且其原子结构决定了它是一种惰性气体，几乎从不参与地球上的化学反应。当天文学家开始利用光谱学研究太阳时，他们在太阳的光谱中发现了在地球物质的光谱中从未观察到的特征。科学家们意识到他们发现了一种新元素，并根据古希腊太阳神赫利俄斯（Helios）的名字，将这种新元素命名为氦（Helium）。后来，我们学会了如何收集和使用地球上的氦气。如今，我们还知道氦是宇宙中第二丰富的元素，占宇宙所有原子质量的 1/4。

 **现代天文学怎样使用光谱学？**

现代天文学中，使用名为摄谱仪的设备与望远镜和探测器结合，对宇宙中的天体进行光谱分析。通常，摄谱仪会接收望远镜（一般是一个小口径望远镜）收集的光线。进入的光线通过一个特殊透镜被准直（即变为平行光线）。然后，这束准直的光线通过棱镜或衍射光栅反射，被分解成其组成颜色。再使用灵敏的相机以摄影或用数码方式记录分离后的光线图像，即光谱。记录下来之后，就可以对光谱进行分析，以获取产生该光谱的天体的任何信息。

 **利用光谱学我们可以了解天体的哪些信息？**

原子和分子会发射或吸收特定波长的光线。当我们观察一个天体的光谱时，我们可以推断出该天体中存在哪些不同类型的原子或分子，以及这些原子或分子所处的物理环境。仔细的光谱学研究可以帮助我们了解天体的组成、密度、温度、磁场强度和结构等特性。此外，通过测量光谱中发射线和吸收线的多普勒频移，我们还可以推断出天体的运动情况、天体内部不同组成部分之间的相对运动情况；对于遥远的星系或类星体，它们的宇宙红移可以告诉我们它们距离我们有多远以及它们的年龄。

干 涉 测 量

 **干涉测量是什么？**

干涉测量是一种使用多束光同时产生极高分辨率的图像和光谱的技术。它用途广泛，比如测量极遥远天体的体积，或者由太阳系外行星引起的恒星运动中的微小摆动。

 **干涉测量的原理是什么？**

　　干涉测量的基本原理是光以波的形式传播，来自一个物体（或物体的一部分）的光波可以与来自另一个物体（或同一物体的另一部分）的光波发生"干涉"，即相互作用。想象一下，将两个小石子相隔一定距离投入池塘中。每个石子产生的水波会相互干涉，形成不同大小和形状的涟漪。类似地，当光波发生干涉时，它们会产生类似的明暗和颜色图案。通过测量和研究这些干涉图案，天文学家可以重建光源的图像，并推断出产生这些图案的光源的其他信息，而这些信息往往比直接从正面拍摄图像所能获得的信息更加详细。

 **怎样利用干涉测量获得非常详细的图像？**

　　图像的分辨率直接取决于获取该图像的望远镜的大小。然而，如果利用干涉测量，仔细地将两个相距甚远的望远镜收集到的光结合起来并进行分析，那么所得图像的分辨率高达一个直径相当于这两个望远镜之间距离的望远镜所能获得的分辨率。如果足够多的望远镜排成一行，或按照精心设计的图案排列，那么就有可能获得比单个望远镜所能获得的图像详细数百倍、数千倍甚至数百万倍的图像。

# 第3章
## 探测太阳系

## 空间探测的基础知识

 **向遥远天体发射航天器的目的是什么？**

尽管地球表面和地球轨道上的望远镜是天文学的绝佳工具，但仍有大量信息无法从地球附近收集到。例如，我们无法使用直接接触的方法（如敲击、钻探，甚至仅仅是触摸）来获取有关行星表面或月球岩石的详细知识。许多天体表面或大气层的细节过于渺小，即使是最大的地基或地球轨道望远镜也无法分辨。有时，遥远天体会被遮挡，因此只有近距离观察才能进行详细的观测。

发射到遥远天体的航天器还扮演着另一个至关重要的角色：它们使人类能够测试和开发造福全人类的先进技术。它们进一步推动了人类学习、探索和创造新事物的渴望。

 **飞掠是什么？**

飞掠是指航天器在空间中经过一个天体的机动动作。在接近最近点之前、期间和之后，航天器的科学仪器都会对准目标天体，尽可能多地收集数据，直到距离太远而无法继续收集更多数据为止。

 **引力弹弓是什么？**

引力弹弓（也被称为引力助推或借力飞行）是一种特殊的轨道机动动作，一种复杂且经过精心计划的飞掠动作。它使航天器利用太阳系天体的引力来改变自身的速度和方向。任务设计者可以利用这一机动动作来节省燃料，减轻重量——燃料和重量是航天器成功运行和任务寿命的两个最关键的限制因素。

 ### 入轨是什么？

入轨是指将航天器机动到太阳系天体周围的稳定轨道上的过程。这种机动动作可能是空间探索任务中最棘手且难度最大的一种，因为与其他机动动作相比，它要求极为精确的时间控制和大量燃料。计算稍有失误，就可能导致航天器飞入深空或撞向它应当绕转的天体！然而，只要入轨成功，它将在几个月甚至几年内提供详细的科学数据。

 ### 最难的空间探测任务是哪种？

最难的空间探索任务可能是着陆任务，即航天器成功降落在某个天体的表面，然后从表面收集信息并将其发送回地球。着陆任务必须消耗大量燃料，否则难以成功。因此，科学家和工程师必须仔细设计建造着陆器并规划着陆任务，以防止着陆器在撞击天体表面时受损。这就是为什么着陆任务是尝试次数最少的空间探索任务类型。一旦着陆成功，它几乎总能提供最详细、最前沿的信息。

# 探 测 太 阳

 ### 人类向太阳发射过空间探测器吗？

由于从我们在地球上的有利观测位置看，太阳已经足够明亮了，因此大多数用于观测太阳的航天器都只被发射到地球轨道上即可。其中最著名的例子包括太阳极大使者、太阳和日球层探测器以及过渡区与日冕探测器。此外，为了完成地球上无法实现的太阳研究，还有些航天器被发射到特殊的环日轨道上，包括"太阳神号"和"尤利西斯号"太阳探测器。

 ### "太阳神号"探测器是什么？

"太阳神1号"于1974年12月10日发射，"太阳神2号"于1976年1月15日发射，这是美国与西德之间的一项科学合作成果。这两艘航天器被送入离心率很大的椭圆的轨道，其远日点（距离太阳最远的点）约为 1 个天文单位，近日点（距离太阳最近的点）却仅有 0.3 个天文单位，比水星到太阳的距离还要近。

每个"太阳神号"探测器上都搭载有多种科学仪器，旨在研究地球与太阳之间的太空环境。它们研究了太阳的粒子发射、太阳磁场的强度、黄道光、微陨星和宇宙线。它们的科学任务于 20 世纪 80 年代中期结束。

 **"太阳神号"探测器保持着哪项有趣的纪录？**

"太阳神号"的轨道是离心率很大的椭圆，导致它们在绕太阳运行时速度会发生急剧变化。在远日点时，它们的飞行速度约为 7.3 万千米 / 小时，而在近日点时，它们的速度则达到了惊人的 24 万千米 / 小时。因此，这两个探测器保持着最快的人造物体的纪录。（"太阳神 2 号"的速度略快于"太阳神 1 号"。）

 **"尤利西斯号"太阳探测器是什么？**

"尤利西斯号"太阳探测器于 1990 年 10 月 6 日由"发现号"航天飞机发射升空。这是欧洲航天局和美国国家航空航天局的一项联合任务。它以一个偏离黄道面的

卡纳维拉尔角的技术人员在检查发射前的"尤利西斯号"太阳探测器的状况。

角度发射，朝着木星方向飞去。1992 年 2 月 8 日，它利用木星的引力完全脱离了黄道面，进入了太阳的极轨道。自那时起，"尤利西斯号"在太阳系中其他任何天体都未曾达到的有利位置研究太阳和太阳系。除了收集有关太阳极区及该地太阳活动的独特数据外，"尤利西斯号"还被用于研究哈雷彗星和百武彗星等彗星，并且它探测到了一个令人惊讶的事实：来自太阳一个极区的太阳风比来自另一个极区的太阳风大约热 10 万摄氏度！

# 探 测 水 星

 **第一个被送往水星的空间探测器是哪个？**

直到 1975 年"水手 10 号"空间探测器拍摄到水星的照片之前，人们对水星知之甚少。1974 年 2 月，"水手 10 号"先接近金星，然后利用金星的引力场将自己弹射向水星的方向。从金星到水星的旅程耗时 7 个星期。在"水手 10 号"首次飞掠水星时，它距离水星仅 750 千米，拍摄的照片覆盖水星表面约 40%。随后，该探测器进入太阳轨道，在接下来的 1 年里 2 次飞掠水星，直至燃料耗尽。

 **最近一次探索水星的航天器是哪艘？**

在"水手 10 号"任务成功后的 30 年里，人们没有再向水星发射航天器。2004 年 8 月 3 日，美国国家航空航天局从佛罗里达州卡纳维拉尔角用"德尔塔 II 型"火箭发射了"信使号"探测器。经过 3 年的飞行，其间 1 次飞掠地球、2 次飞掠金星，"信使号"于 2008 年 1 月 14 日接近水星。

 **为了成功靠近水星，"信使号"的配置有什么特别之处？**

由于水星离太阳非常近，任何绕水星运行的航天器都必须能够承受极高的温度（通常超过 427 摄氏度）、极高的光通量（地球的 11 倍）以及来自太阳的太阳风。因此，"信使号"配备了一块陶瓷布遮阳板，让它可以在绕水星运行时保持冷却。"信使号"主要由石墨环氧树脂材料制成，因此既轻便又坚固。它还配备了一套完整的科学仪器，包括双成像相机系统、磁强计、激光测高仪和三台分光仪，用以研究 γ 射线和中子、红外线和紫外线，以及高能粒子和等离子体。幸运的是，离太阳近也意味着可以使用太阳能电池板为"信使号"上的系统供电。

 **"信使号"取得了哪些成就？**

"信使号"在2008年1月首次飞掠水星时，它拍摄到了水星一个侧面的照片，此前人类从未见过这一侧面。科学家们曾根据20世纪70年代"水手10号"收集的数据推测，水星与月球非常相似，但"信使号"传回的信息表明，水星的地质活动活跃，与其他天体很不一样：其表面有长长的断层线，卡路里盆地中心有引人注目的蛛网状构造，并且其磁层内部还存在明显的压力。

# 探 测 金 星

 **最早被发射去研究金星的航天器是哪艘？**

最早被发射去探索金星的航天器是"金星"计划的探测器。"金星"计划是苏联在1961—1983年为探索金星而开展的一项大规模计划。在此期间，总共发射了16个"金星号"探测器。在那段时间里，对金星的探索几乎完全是苏联的领域。

 **"金星号"探测器是什么样的？**

最早的"金星号"探测器重630千克。主体是圆柱形的，顶部是圆盖，侧面是太阳能板。主体的一侧连接着一个伞形的射电天线。后续的"金星号"任务中使用的探测器更大且更复杂。"金星4号"及其后续型号由一个运载舱和一个着陆器组成，最后2个"金星号"探测器每个都重达4 000千克。

 **"金星"计划经历了什么样的历史？**

"金星"计划起初并不顺利。1961—1965年发射的前3个"金星号"任务均未成功。前2个探测器的无线电联系在抵达金星之前就中断了，而"金星3号"则在金星表面坠毁。但之后，该计划开始陆续获得科学成果。1967年10月18日，"金星4号"成功抵达金星，并释放了其着陆舱；接下来的94分钟里，该着陆舱从金星大气层中传回了科学数据，之后因大气压过大而被压碎。1970 年 8 月 17 日发射的"金星 7 号"于 12 月 15 日成功在金星表面着陆，这是人类发射的航天器首次在另一颗行星上成功软着陆。该着陆舱配备了冷却装置，使其在着陆后存活了 23 分钟。"金星 8 号"则存活了 50 分钟。"金星 11 号""金星 12 号""金星 13 号"和"金星 14 号"也都成功着陆。这些着陆器测量了许多数据，其中包括抵达金星表面的阳光量、金星大气和表面岩石的化学成分，还发现了该行星大气中存在闪电。"金星 15 号"和"金星 16 号"于 1983 年 10 月抵达金星。它们没有向金星表面投放探测器，而是停留在轨道上，使用多普勒雷达测绘系统绘制了金星表面的详细地图。在接下来的 1 年里，它们绘制了金星北半球的大部分地区的地图，包括可能曾在远古时期有活跃火山的区域。

 ## "织女星"计划是什么？

"织女星"计划是苏联于 1984 年 12 月分 2 批发射的一对空间探测器，发射时间相隔 6 天。它们的探测目标有 2 个：金星和哈雷彗星。"织女星号"探测器长约 11 米，中段是圆柱形，一端装有一个着陆器，中部突出通信天线和太阳能电池板，另一端则设有一个实验平台，该平台上搭载了包括苏联、法国、德国和美国在内的许多国家提供的科学仪器——尽管如今这种做法已很常见，但在当时，它开启了国际空间探索合作的先河。

 ## "织女星号"取得了哪些成就？

1985 年 6 月 11 日，"织女星 1 号"探测器飞掠金星，并向金星表面投放了一个科学舱和一个高空气球携带的有效载荷。科学舱安全着陆，并持续传输了 2 小时的图片和其他科学数据。同时，携带科学仪器的氦气球在金星大气层中约 50 千米的高度悬停了 2 天，在此期间，气球被吹离其原始位置超过 1 万千米。这些仪器收集了有关金星大气层的温度、压强和风速的宝贵科学数据。几天后，"织女星 2 号"探测器重复了这一过程。

把科学仪器留在金星上之后，"织女星号"探测器利用金星的引力弹弓，进入拦截哈雷彗星的轨道。1986 年 3 月 6 日，"织女星 1 号"探测器距离彗星核心约 9 000 千米；3 天后，"织女星 2 号"探测器达到最接近彗星的位置。这 2 个探测器收集了关于哈雷彗星的大量科学数据，欧洲航天局利用其中一些数据重新定位了"乔托号"行星际探测器，使它接近哈雷彗星。

在飞掠哈雷彗星后,"织女星号"探测器继续围绕太阳运行,直到 1987 年初被关闭。

 **美国在 20 世纪 60—70 年代向金星发射了哪些探测器?**

美国发射的首艘成功抵达金星的航天器是 1962 年飞掠金星的"水手 2 号"。1974年,"水手 10 号"再次飞掠金星,该航天器在前往水星的途中拍摄了许多特写照片。1978 年,美国又发射了 2 艘航天器以探索金星。一个名为"先驱者–金星号"轨道飞行器,于 1978 年 5 月 20 日发射。它研究了金星的大气层,绘制了金星表面约 90% 地区的地图。它还观测了几颗在金星附近飞过的彗星,并提供了有关神秘的 γ 射线暴的信息。1992 年 10 月,"先驱者–金星号"轨道飞行器燃料耗尽,坠入金星大气层并烧毁。另一个名为"先驱者–金星号"多星球探测器,于 1978 年 8 月 8 日发射,在金星周围部署了4 个探测器,这些探测器随后穿越大气层并降落到金星表面。它们测量了不同高度的大气温度、压强、密度和化学组成。4 个探测器中有 1 个在撞击后仍然有效,并在 67 分钟里从金星表面传回数据。

 **"麦哲伦号"金星探测器是什么?**

"麦哲伦号"金星探测器以 16 世纪的葡萄牙探险家费尔南多·麦哲伦的名字命名,美国国家航空航天局 1989 年 5 月 4 日将其发射升空,它是首艘由"亚特兰蒂斯号"航天飞机发射升空的科学航天器。该航天器于 1990 年 8 月 10 日抵达金星。"麦哲伦号"配备了先进的多普勒雷达测绘系统,天文学家利用该系统以及高度和辐射测量的数据,以前所未有的精确度对金星进行了测绘。"麦哲伦号"最终绘制了金星表面 98% 区域的三维地图,并且能以 100 米的精确度测量金星的各种特征。

在完成雷达测绘任务后,"麦哲伦号"开始持续传输无线电信号。通过测量"麦哲伦号"绕飞时信号频率的变化,天文学家能够绘制整个金星引力场的地图。在对金星进行了 4 年成功的科学研究后,"麦哲伦号"探测任务于 1994 年 10 月 11 日结束。飞行控制人员操控航天器进入金星大气层并撞向金星表面,这是有史以来第一次故意让正在运行的行星探测器坠毁。

1989 年，发射前的"麦哲伦号"金星探测器被安装在一枚助推火箭上。

**"麦哲伦号"在绕金星运行时完成了什么独特的机动操作？**

飞行控制人员利用"麦哲伦号"测试了一种名为大气制动的新型机动技术，该技术利用行星的大气层来减速或引导航天器。这一技术在后来的行星着陆器的发展中变得非常重要。

 **"金星快车"是什么？**

"金星快车"任务是一个由欧洲航天局设计和运营的项目。它于 2005 年 11 月 9 日在哈萨克斯坦的拜科努尔航天发射场由"联盟-佛盖特号"火箭发射升空。2006 年 4 月 11 日，它抵达金星，并最终进入准极地椭圆轨道，运行周期是 24 小时。

 **"金星快车"取得了哪些成就？**

凭借相机、分光仪和磁强计等一系列科学仪器，"金星快车"对金星的大气层、电磁特性和表面进行了非常详细的研究。它在理解金星上的失控温室效应的起源方面取得了重要进展；利用红外光对金星表面和大气层进行了研究；并证实了该星球上存在闪电现象。

# 探 测 火 星

 **苏联有哪些探测火星的项目？**

苏联是第一个向火星发射航天器的国家。在经历了多次不成功的尝试之后，他们于 1962 年末发射了"火星 1 号"航天器，但在几个月后失去了与它的无线电联系。1971 年，苏联成功地将"火星 2 号"和"火星 3 号"送入火星轨道。这 2 艘航天器都携带了着陆器，并成功降落在火星表面。但遗憾的是，二者都在着陆后仅几秒内就失去了无线电联系。1973 年，苏联又向火星发射了 4 艘航天器，其中 1 艘成功传回了这颗红色星球的相关数据。

### 苏联的"火卫一"计划是什么?

1988 年,苏联重新燃起了探索火星的兴趣。他们发射了 2 艘相同的航天器——"火卫一 1 号"和"火卫一 2 号",前往火卫一。但遗憾的是,这 2 艘航天器在到达目的地之前都断联了。

 ### 美国第一个前往火星的任务是哪个?

美国发射的首个飞往火星的探测器是"水手 4 号",它于 1965 年 7 月 14 日飞掠了那颗红色星球。它传回了 22 张火星的照片,让我们首次窥见了其布满陨击坑的表面。它还探测了火星稀薄的大气层,发现它主要由二氧化碳组成,密度不到地球大气层的 1%。1969 年,"水手 6 号"和"水手 7 号"飞掠火星,它们加起来拍摄了 201 张火星的新图像,对火星表面、极冠和大气层的结构和成分进行了更详细的测量。

 ### 第一艘进入火星轨道的航天器是哪艘?

1971 年,"水手 9 号"成为首艘进入火星轨道的航天器。在其为期 1 年的轨道运行期间,"水手 9 号"传回的照片中包括火星表面的猛烈沙尘暴、这颗行星 90% 的表面,以及火星的两颗卫星火卫一和火卫二。

 ### 第一艘安全着陆火星表面的航天器是哪艘?

1976 年,美国发射的 2 艘航天器抵达火星。其中,"海盗 1 号"于 6 月 19 日到达,"海盗 2 号"于 8 月 7 日到达。每艘航天器都包括 1 个轨道器和 1 个着陆器。7 月 20 日,"海盗 1 号"着陆器在火星的克律塞平原着陆,随后 9 月 3 日,"海盗 2 号"着陆器在乌托邦平原着陆。轨道器传回了整个火星表面的详细照片、辐射测量数据和天气状况,而着陆器则获得了人类首次在另一颗行星表面拍摄的图像。

 ### "海盗号"拍摄了多少张火星表面的照片?

"海盗号"航天器一共传回了超过 5.6 万张火星的照片。

"海盗2号"拍摄的火星乌托邦平原的照片

 **"海盗号"航天器的构造是什么样的?**

每艘"海盗号"航天器都由两部分组成,即轨道器和着陆器。轨道器是一个八面体结构,宽约2.4米。航天器的大部分控制系统都安装在这个主体内。火箭发动机和燃料箱安装在轨道器的后部。太阳能板从另一面伸出,这些太阳能板在进入太空后会展开,形成一个约10米宽的十字形结构。轨道器还包含一个可移动的平台,上面安装了科学设备,包括2台电视摄像机和用于测量火星表面温度和水分的仪器。着陆器和轨道器组合起来的高度为5米。着陆器的中心部分是一个六面体的隔间,长边和短边交替排列。每条短边都连接着一条带有圆形脚垫的着陆腿。一条用于采集土壤样本的遥控臂从着陆器的一条长边伸出,看起来像伸展而尖锐的第四条腿。土壤样本被传送到位于主体顶部的生物分析仪中,在此进行测试和分析。着陆器顶部还安装了其他仪器,包括2台圆柱形电视摄像机、1台用于测量火星地震的地震仪、1套大气测试装置和1个射电天线盘。着陆器的下方装有火箭,用于减缓着陆器的下降速度，火箭的推进剂则储存在着陆器两侧的油箱中。

### 第一个被送往其他星球的移动装置是哪个？

"火星探路者号"于 1996 年 12 月 4 日发射，于 1997 年 7 月 4 日在火星着陆。它携带了"旅居者号"火星车这一移动装置，该装置在着陆后不久便离开"火星探路者号"航天器。"旅居者号"很快便创造了历史，成为第一个依靠自身动力在另一个星球表面移动的机器人车。

"火星探路者号"正位于卡纳维拉尔角空军基地的 17B 发射综合体，准备执行火星任务。

### "火星探路者号"在火星上看到了什么？

"火星探路者号"航天器配备了一台立体相机，安装在 360 度旋转支架上，该相机装有两个相距几厘米的镜头，使科学家能够拍摄火星的详细图像和三维全景图。此外，"火星探路者号"还观察到，由于火星大气中始终存在数量不等的尘埃颗粒，从火星表面看，这颗红色星球的天空呈现出一种略带粉色和淡黄色的红色。总之，"火星探路者号"拍摄了超过 16 500 张数码照片。

"火星探路者号"拍摄的火星 360 度全景照片

### 卡尔·萨根纪念站是什么？

"火星探路者号"着陆器后来被更名为卡尔·萨根纪念站，以纪念卡尔·萨根这位美国天文学家。他在 20 世纪晚期推动了天文学和天体物理学的普及，并激励了一整个时代的空间科学家。

 **"旅居者号"火星车是如何工作的?**

"旅居者号"火星车,仅高1英尺(约0.3米),长2英尺(约0.6米),宽1.5英尺(约0.5米)。它从"火星探路者号"航天器中驶出,依靠其6个轮子每天能够行进数米。它的太阳能电池板将太阳能转化为电能,为电池充电,从而为"旅居者号"提供动力。它由地球上的科学家进行远程操控。

 **"火星探路者号"探测器和"旅居者号"火星车的任务持续了多久?**

"火星探路者号"探测器和"旅居者号"火星车各自运行了大约3个月。这远远超出了任务最初的规格要求:原本预计"火星探路者号"将工作30天,而"旅居者号"则只有7天。这次任务共获得了1.7万多张图像(其中550张来自"旅居者号"的移动相机),以及2 300兆字节的数据。

 **"火星探路者号"任务有什么创新之处?**

"火星探路者号"作为一系列空间探测器中的首个,取得了巨大成功。正如当时的美国国家航空航天局局长丹·戈尔丁所描述的那样,这些探测器旨在"更快、更好、更便宜"。"火星探路者号"的成本约为2亿美元,大约是比它早20年抵达火星的"海盗号"航天器的成本的1/20。"火星探路者号"通过使用"弹跳着陆"等创新策略,并在精心计算后在技术上承担了一些风险,证明了以相对较小的成本获得很大的科学回报是可能的。"火星探路者号"开启了空间探索的一个新趋势,即摒弃以往单一的高成本、高复杂性的航天器模式,转向通过多个低成本任务来实现同一科学目标。

 **"旅居者号"火星车携带了哪些设备?**

"旅居者号"火星车上搭载了几台科学仪器,包括一台 α 质子 X 射线分光仪,该仪器用于分析它所遇到的土壤和岩石的化学组成。

 **"火星环球勘测者号"是什么?**

"火星环球勘测者号"是一个被送往火星进行探测的轨道器,用于传回有关火星气候和地貌随时间变化的信息。它于 1996 年 11 月 7 日由美国国家航空航天局在卡纳维拉尔角使用"德尔塔 7925"火箭发射升空，并于 1997 年 9 月 11 日抵达火星。它实际上是用之前失败的"火星观测者号"任务中的许多备用部件建造的。发射后，1 块太阳能电池板未能正常展开，这让人们最初对"火星环球勘测者号"的命运感到担忧。

　　通过使用开创性的"大气制动"的方法，即让航天器穿过火星大气层顶部来调整其轨道，"火星环球勘测者号"花了 1 年多的时间被平稳地送入了一个近圆形的轨道。1999 年 3 月，"火星环球勘测者号"开始绘制这颗红色星球的表面地图。通过精心管理其燃料和电能供应，科学家们将"火星环球勘测者号"的使用寿命延长了 5 年多，超出了其主要任务期限，"火星环球勘测者号"拍摄了比其他所有火星任务都多的照片，最终于 2006 年 11 月失联。

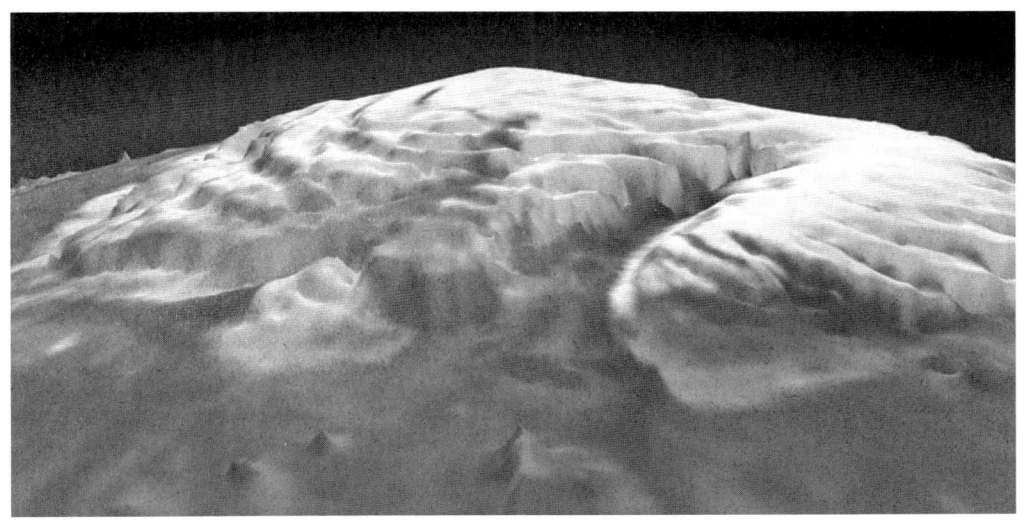

▎"火星环球勘测者号"拍摄了第一张火星北极的三维图像。

## 失败的火星探测任务

 ### "火星观测者号"任务是什么？

　　自"海盗号"任务以来，多次针对火星的科学探测任务均以失败告终。其中，尤为引人注目的一次失败是美国国家航空航天局的"火星观测者号"任务。"火星观测者号"于 1992 年 9 月 25 日发射，耗资 10 亿美元，具备极其强大的科学探测能力。然而不幸的是，在 1993 年 8 月 21 日，即其计划进入火星轨道的前 3 天，飞行工程师与"火星观测者号"失去了联系，之后再也没有收到过它的任何消息。调查人员怀疑，是航天器推进系统中的管道破裂导致其旋转至失控。

 ## "火星 96"任务是什么？

苏联解体后，俄罗斯计划将"火星 96"打造为新的俄罗斯空间局的核心项目。"火星96"由 1 个轨道飞行器、2 个预备在火星表面着陆的小型空间站以及 2 个预备钻入火星表面、考察地下环境的穿透探测器组成。该航天器携带了多种科学仪器，用于研究火星的表面、大气层和磁场。"火星96"于1996年11月16日发射，但是不幸未能进入轨道。当航天器飞越大西洋时，发射器的第四级火箭未能点火。航天器在南美洲附近的南太平洋坠毁。俄罗斯空间局尚未再次启动前往火星的任务。

 ## "希望号"任务是什么？

1998 年 7 月 4 日，日本宇宙航空研究开发机构发射了名为"希望号"的火星探测器。按计划，"希望号"会在 15 个月内抵达火星，但是旅程因任务早期有 1 个推进器发生故障，一开始就陷入困境。在接下来的 5 年里，科学家和工程师们一直致力于让这艘航天器保持在前往火星的轨道上。到了 2003 年，它似乎终于有望成功，但在 2003 年 12 月9 日，飞行控制人员无法正确调整航天器的方向使其入轨，导致所有希望都破灭了。"希望号"在距离火星约 1 000 千米的地方掠过火星，并被送入环日轨道。

 ## 环火星气候探测器和火星极地着陆器是什么？

1998 年 12 月 11 日，美国国家航空航天局发射了环火星气候探测器，这是一对火星探测器中的一个。1999 年 1 月 3 日，另一个探测器火星极地着陆器也成功发射。原计划环火星气候探测器于 1999 年 10 月进入火星轨道，并开始向地球传输信号；随后，火星极地着陆器将于 12 月着陆，探测火星表面是否存在液态水和其他物质的迹象，并通过环火星气候探测器将这些信息传回地球。

但 1999 年 9 月 23 日，当环火星气候探测器启动主推进器准备进入火星轨道时，飞行控制人员与航天器失去了联系。经过紧张的调查，发现推进器的推力错误（导航软件在计算中用错了力的单位）。这个粗心大意导致的小小错误导致环火星气候探测器撞上了火星表面。科学家们迅速将更正后的信息发送给火星极地着陆器，以确保其不会遭遇同样的命运。

1999年12月3日，火星极地着陆器准备在火星南极附近软着陆，在距离着陆不到12分钟时，飞行控制人员与其失去了联系。后来的调查表明，火星极地着陆器在距离地面100多英尺（约30.1米）的空中时，发动机错误关闭，导致它最终坠毁。

 **为什么向火星发射航天器如此困难？**

成功的空间任务得到了大量宣传，所以大多数人并没有意识到探索太空，尤其是遥远行星有多艰巨。仅仅是将飞行器安全送达某颗行星就是一项巨大的技术挑战。幸运的是，在数十年的探索历程中，人类虽然遭遇了众多失败，但也取得了不少成功。

## 21世纪的火星探测任务

 **"2001火星奥德赛号"是什么？**

2001年4月7日，美国国家航空航天局使用"德尔塔II型"火箭发射了"2001火星奥德赛号"，该任务的名字致敬了阿瑟·C.克拉克的经典科幻小说《2001太空漫游》。"2001火星奥德赛号"于2001年10月24日成功进入火星轨道。"2001火星奥德赛号"配备了3台主要科学仪器：热辐射成像系统、γ射线分光仪和火星辐射环境实验。在2002年2月—2004年8月期间，它成功完成了主要科学任务。2004年8月24日，它开始了延长任务。

 **"2001火星奥德赛号"取得了哪些成就？**

除了研究火星的特性（主要包括其气候、地质历史以及支持我们所知的生命的潜力）之外，"2001火星奥德赛号"在寻找未来火星探测任务的合适着陆点方面发挥了非常重要的作用。它还配备了一个强大的通信阵列，并继续充当地球科学家、飞行控制人员与火星探测漫游车"勇气号"和"机遇号"之间的主要通信中继站。

 **"火星快车号"是什么？**

"火星快车号"是由欧洲航天局发往火星的一项任务。它由法国牵头的15国共同建造，包括"火星快车号"轨道器和一个名为"猎兔犬 2 号"的着陆器。"火星快车号"于 2003 年 6 月 2 日从哈萨克斯坦的拜科努尔发射场搭乘俄罗斯的"联盟–佛盖特号"火箭发射升空。它在圣诞节当天进入火星轨道。在到达前 6 天，它向火星表面释放了"猎兔犬 2 号"着陆器；但该着陆器失踪了，至今仍未找到。

　　幸运的是，"火星快车号"轨道器取得了彻底的成功。最初计划它将运行 2 年，它实际的运行时间远远超过了预计的寿命，持续拍摄火星的详细图像并收集数据，还为来自其他火星任务的数据提供通信中继服务。

###  火星勘测轨道飞行器是什么？

　　2005 年 8 月 12 日，火星勘测轨道飞行器搭乘"阿特拉斯 V–401"火箭，从美国佛罗里达州卡纳维拉尔角发射升空。它于 2006 年 3 月 10 日顺利抵达火星，并在接下来的 6 个月里，在其最初的高度椭圆形的轨道上进行大气制动，最终进入近圆形的既定轨道。火星勘测轨道飞行器从火星轨道上对火星表面的地质特征和状况拍摄最详细的照片。它还被成功用作其他火星科学任务的通信中继站。火星勘测轨道飞行器所传回的数据数量超过了所有其他火星任务数据的总和。

###  "火星探险漫游者"计划是什么？

　　"火星探险漫游者"计划建立在"火星探路者号"任务取得巨大成功的基础上，利用可移动、远程控制的机器人火星车探索火星表面。"火星探险漫游者"计划有 2 艘航天器——"勇气号"和"机遇号"火星探测车，它们的表现远远超出了所有人的预期，让我们对这颗红色星球的地质有了新的认识，提供了非凡且鼓舞人心的新视角。

###  "勇气号"和"机遇号"是如何着陆火星的？

　　"火星探险漫游者 A"，即"勇气号"，于 2003 年 6 月 10 日从佛罗里达州卡纳维拉尔角发射升空，并于 2004 年 1 月 3 日抵达古谢夫陨击坑。"火星探测漫游者 B"，即"机遇号"，于 2003 年 7 月 7 日发射升空，并于 2004 年 1 月 25 日抵达火星另一侧的子午高原。

　　与之前的"火星探路者号"任务一样，"勇气号"和"机遇号"通过降落伞和火箭降速，将速度从 1.2 万英里 / 小时（约 1.9 万千米 / 小时）减到 12 英里 / 小时（约 19.3

千米／小时），然后在 18 英尺（约 5.5 米）高的巨大安全气囊上在火星表面翻滚跳跃，直到最终停下。二者都非常成功地着陆了。

 ### "勇气号"和"机遇号"火星探测车是什么样的？

"勇气号"和"机遇号"火星探测车的设计目的是充当机器人地质学家的角色。它们的体积类似于小型高尔夫球车，重量与加拉帕戈斯龟相当，移动速度也与龟相似，每天大约移动 40 米。它们配备的仪器，许多地球上的地质学家在科学考察中也可能会携带。"勇气号"和"机遇号"由地球上的科学家进行远程控制，但为了让它们应对在火星上遇到的突发情况，编程时也给予了它们少量自主权。

 ### 岩石研磨工具在火星上有什么用？

"勇气号"和"机遇号"火星探测车上配备了一种精巧的科学设备——岩石研磨工具。其大小与人类的手掌差不多。火星车遇到火星岩石后，它可以精细地磨去一层薄如纸的外层。这使得科学家们能够研究那些未被天气或辐射改变的岩石内部结构。

 ### "勇气号"和"机遇号"火星探测车上还配备有哪些仪器？

"勇气号"和"机遇号"的主要仪器包括：1 台立体全景相机，用于研究当地和远处的地形；1 台微型热辐射分光仪，用于识别岩石和土壤，并测量火星大气；1 台穆斯堡尔分光仪，用于对含铁岩石和土壤进行近距离的矿物学研究；1 台 α 粒子 X 射线分光仪，用于测量岩石和土壤的化学成分；磁铁，用于收集尘埃颗粒；以及 1 台显微成像仪，用于获取火星岩石和土壤的近距离、超高分辨率图像。

 ### "勇气号"火星探测车在探索中取得了哪些重要成果？

"勇气号"降落在了巨大的古谢夫陨击坑内一个岩石遍布、地势平坦的区域，科学家认为这里可能是数百万甚至数十亿年前就已干涸的湖。为了纪念失事的航天飞机及其机组人员，其着陆点被命名为哥伦比亚纪念站。"勇气号"研究了许多附近的岩石，并发现了强有力的证据，表明该地区的地质结构是在很久以前受到液态水存在的影响而形成的。随后，"勇气号"移动到距离哥伦比亚纪念站 400 码（约 365.8 米）的博讷维尔陨击坑，并在接下来的 2 年里一边不断向数千米外的哥伦比亚山移动一边进行研究。

**"机遇号"火星探测车在探索中取得了哪些重要成果?**

"机遇号"着陆在广阔的子午高原上,恰好位于一个直径60英尺(约18.3米)的小型陨击坑中央。为了纪念"阿波罗11号"登月任务,该陨击坑被命名为鹰坑。在研究了鹰坑内的一些地质特征后,"机遇号"通过旋转一个车轮在火星土壤中挖了一条浅沟,以观察表层之下的土壤。

随后,"机遇号"前往坚忍环形山,在那里进行了为期6个月的探索,然后再次返回。在行进过程中,它遇到了隔热罩岩陨石,这是在地球以外的天体上发现的第一颗陨星。2005年4月,即着陆2年多后,"机遇号"意外陷入了一个沙丘,任务科学家将其称为"炼狱沙丘"。经过近2个月的精心策划和操作,才将"机遇号"从"炼狱"中解救出来,它最终在2005年6月4日成功脱困。之后,"机遇号"前往距离着陆点4英里(约6.4千米)的维多利亚陨击坑进行研究。

 **使用火星轨道器得到的最重要的科学发现是什么?**

迄今为止,使用火星轨道器得到的最重要的科学发现是有确凿的证据表明火星表面曾经存在液态水,且至今地下仍存在液态水。天文学家在火星地壳上和地壳内搜寻各种物质(与利用卫星勘测地球的方式相同),用这种方法发现了火星上存在只有在有水的条件下才能形成的岩石;曾经存在水的化学证据;近期类似间歇泉活动(水从峡谷岩壁上的裂缝中喷涌而出)的遗迹;甚至还有一个巨大的地下冰海,其面积比宾夕法尼亚州、俄亥俄州、印第安纳州、肯塔基州和伊利诺伊州的总和还要大!

# 探测外太阳系的行星

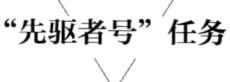

"先驱者号"任务

 **"先驱者"计划是什么?**

1958年,美国国防部和新成立的美国国家航空航天局启动了"先驱者"计划。"先驱者号"探测器的设计目的是飞出地球轨道并收集有关太阳系内天体的科学数据。

 **第一批"先驱者号"探测器有哪些？**

第一批"先驱者号"探测器共有 3 个，形状如鼓，各重 38 千克。它们的预定目标是进入月球轨道，然而，它们未能摆脱地球引力。相比之下，"先驱者 4 号"的有效载荷要小得多，仅 6 千克，其设计目的是飞掠月球而非进入其轨道。"先驱者 4 号"成功摆脱了地球引力，并在距离月球 6 万千米的范围内飞过，但由于距离过远，无法收集任何科学数据。

 **"先驱者 5 号"至"先驱者 9 号"探测器取得了哪些成就？**

"先驱者 5 号"是第一批被送入环日轨道的 5 个"先驱者号"探测器之一。一般来说，进入环日轨道比进入环月轨道要容易得多，因为这项任务的精确度要求相对较低：任何摆脱地球引力影响的物体都自然倾向于进入环日轨道，除非特意瞄准其他方向。

1960 年 3 月 11 日发射的"先驱者 5 号"是一个直径约 64 厘米的球体，重 43 千克。它在 3 700 万千米外仍与地球保持通信，这个距离在当时是非常惊人的。1965—1968年，"先驱者 6 号"至"先驱者 9 号"探测器也分别成功发射，进入环日轨道。每个探测器重约 64 千克，表面覆盖着太阳能电池板，并携带了测量宇宙线、磁场和太阳风的仪器。这 5 艘"先驱者号"航天器在环日轨道上运行了数十年。

 **目前太阳系中最老的探测器是哪个？**

科学家认为"先驱者 6 号"至今仍在太阳系中运行，是空间探测史上最老的仍在运行的探测器。

 **"先驱者 10 号"和"先驱者 11 号"的设计目的是什么？**

"先驱者号"航天器中最著名的两艘——"先驱者 10 号"和"先驱者 11 号"，分别于 1972 年和 1973 年离开地球。它们的设计目的是收集有关木星和土星这两颗遥远的气态巨行星的数据。这两艘航天器各拥有一个直径 3 米的射电天线盘，用于实现航天器与地球上接收站之间的通信。天线盘后面装有科学仪器、照相机、放射性同位素热电发生机和火箭发动机。

##  "先驱者10号"取得了哪些里程碑式的成就？

　　"先驱者10号"是首艘穿越小行星带的航天器。在此之前，天文学家们对航天器是否能安全穿过小行星带毫无把握，因为他们不清楚小行星带中小行星的密度有多大。（事实证明他们的担心是多余的——"先驱者10号"距离最近的已知小行星也有880万千米远。）1973年，"先驱者10号"飞越木星，并拍摄下这颗太阳系中最大行星的首批近距离照片。随后，它继续前行，穿越了海王星和冥王星的轨道，并于1983年离开了太阳系的主要行星区域。与"先驱者10号"的最后一次成功通信是在2003年1月23日。按照其当前的速度和飞行方向，它将在大约200万年后抵达金牛座中的毕宿五。

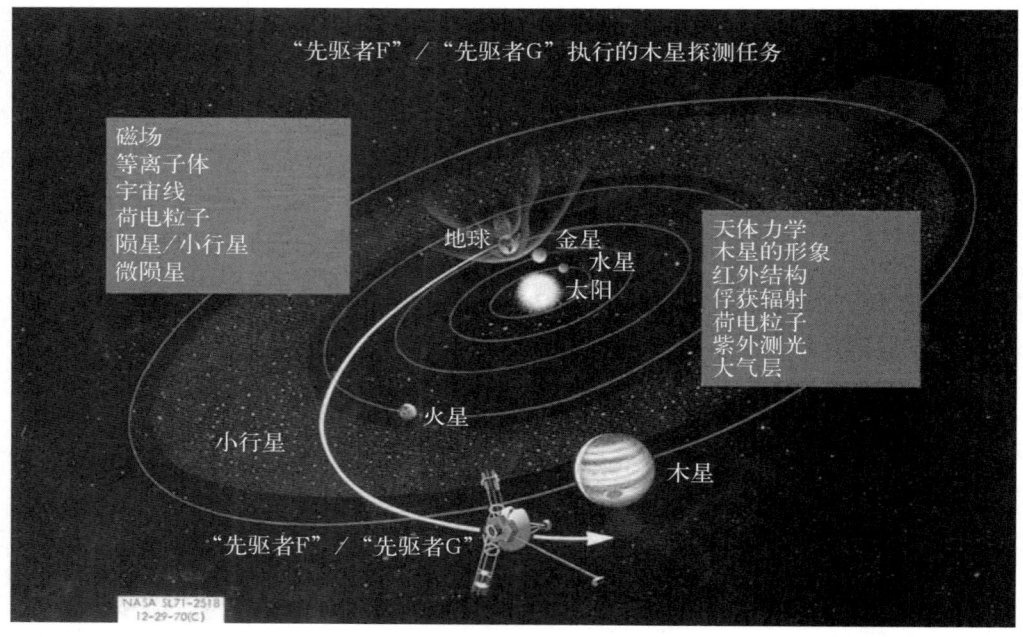

　　在普遍使用计算机之前，美国国家航空航天局会聘请艺术家来为计划中的任务绘制图片。上图是1970年为"先驱者10号"（即"先驱者F"）和"先驱者11号"（即"先驱者G"）绘制的图片，右边列出了这两个探测器将对太阳系进行的测量任务，左边列出了它们将拍摄的照片。

##  "先驱者11号"取得了哪些里程碑式的成就？

　　"先驱者11号"与"先驱者10号"一样，首先前往木星，拍摄了令人叹为观止的照片，并收集了有关该星球的科学数据。然后，"先驱者 11 号"利用木星的引力场将自己弹射向土星。1979 年，"先驱者 11 号"抵达土星，并首次为人类拍摄了土星、土星环及土星卫星的近距离图像，收集了科学数据。1990 年，"先驱者 11 号"离开了太阳系的主要行星区域。1995 年 9 月，经过 22 年的运行后，它电力耗尽，结束了日常例行任务操作。与"先驱者 11 号"的最后一次成功通信是在 1995 年 11 月。

## "旅行者号"任务

 ### "旅行者"计划是什么？

两个"旅行号者"探测器最初分别被命名为"水手 11 号"和"水手 12 号"。后来，它们被归入一个名为"水手木星–土星"的独立计划，并被重新命名为"旅行者号"。

根据最初的设计，"旅行者号"探测器将利用行星的特殊排列，通过一系列引力弹弓，到达所有气态巨行星。这个雄心勃勃的计划被称为"大巡游"计划。由于预算削减，该计划缩减为仅包括两个探测器，不过它们仍然飞掠木星、土星、天王星和海王星，实现了其主要科学目标。

 ### "旅行者 1 号"取得了哪些里程碑式的成就？

1977 年 9 月 5 日，"旅行者 1 号"搭乘"泰坦 3E–半人马号"火箭，从美国佛罗里达州卡纳维拉尔角发射升空。尽管它的发射时间比"旅行者 2 号"晚了十几天，但由于它被送往更快的轨道，因此率先抵达外太阳系。

1979 年，"旅行者 1 号"飞掠木星，拍摄了这颗行星上翻滚的云层及其伽利略卫星的照片。它发现了木卫一上的火山活动，还发现了木星周围一个之前未被发现的环。3 月 5 日它最接近木星，距离木星中心 34.9 万千米。

"旅行者 1 号"成功利用木星的引力弹弓前往土星。1980 年 11 月，它飞掠土星，最近的距离是在 11 月 12 日达到的 12.4 万千米。它探测到了土星环的复杂结构，并研究了土星及其卫星土卫六的厚密的大气层。当飞掠土卫六时，航天器利用引力弹弓飞离了黄道面，将"旅行者 1 号"推离行星。

**"旅行者2号"取得了哪些里程碑式的成就?**

"旅行者2号"于1977年8月20日发射升空。与"旅行者1号"一样,它也是从美国佛罗里达州卡纳维拉尔角,搭乘"泰坦3E-半人马号"火箭升空的。

1979年7月9日,它距离木星最近,距离为57万千米。它证实了木星的卫星木卫一上存在火山活动,并观察到了木卫二表面纵横交错的线条;它还发现了环绕木星的几个新环和3颗新卫星,并详细研究了木星的大红斑。

利用飞掠木星时的引力弹弓,"旅行者2号"成功抵达土星。它最接近土星的时间是在1981年8月25日。它使用雷达系统探测了土星的高层大气,并拍摄了土星、土星环及土星卫星的照片。

然后,它利用飞掠土星时的引力弹弓,将自己推向天王星,于1986年1月24日达到最接近天王星的距离81 500千米。它发现了天王星的10颗先前未知的卫星,并研究了天王星的卫星、大气层、磁场和光环系统。

最后,利用飞掠天王星时的引力弹弓,"旅行者2号"于1989年8月25日最接近海王星,距离海王星北极仅4 800千米。科学家原本预计它会发现一颗与天王星非常相似的行星。然而,它却发现了一个极为活跃的蓝色大气层,这是太阳系中风暴最猛烈的地区之一。此外,"旅行者2号"还发现了海王星周围的4个环弧和6颗新卫星;测量了海王星上1天的长度和磁场强度;并详细研究了海王星的卫星海卫一,发现了其稀薄的大气层、云层、极冠以及令人瞩目的压水导致的火山喷发。

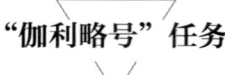

## "伽利略号"任务

 **"伽利略号"任务是什么?**

"伽利略号"任务是一项耗资数十亿美元的重要任务,旨在探索木星及其4颗最大的卫星——木卫一、木卫二、木卫三和木卫四。途中,它还测试了空间探测器的飞行策略,特别是大规模引力助推。它甚至像研究遥远行星一样研究了地球。这项极其成功的任务克服了众多障碍,实现并超越了其科学预期,因此,它被称为"能干的小航天器"。

"伽利略号"探测器对木星及其伽利略卫星进行了广泛的探测。

**"伽利略号"航天器配置了哪些设备？**

"伽利略号"航天器的大小大约与一辆小型货车相当，满载时重达 2.5 吨。它配备了一系列科学仪器、2 个通信天线、推力火箭以及提供电力的放射性同位素热电发电机。"伽利略号"携带的小型探测器，大小约与一台洗碗机相当，内置 6 台科学仪器，这些仪器旨在测量周围环境的情况，当小型探测器利用降落伞下落到木星大气层时，这些仪器就会开始工作。

 **在"伽利略号"离开地球之前，它面临着哪些挑战？**

根据最初的设计，"伽利略号"航天器会从航天飞机上发射，并由一枚强大的助推火箭推向木星。然而，就在预定发射前的几个月，航天飞机"挑战者号"在空中爆炸，导致整个航天飞机计划全面停止。出于安全考虑，未来所有航天飞机所使用的助推火箭都比"伽利略号"原计划使用的要小得多，功率也要小得多。面对这一障碍，"伽利略号"的科学家们不得不重新计算航天器前往木星的轨迹，使它多次飞掠金星和地球作为引力弹弓，从而使"伽利略号"的太空之旅延长了数年。最终，在 1989 年 10 月 18 日，"伽利略号"搭乘"亚特兰蒂斯号"航天飞机发射升空，开始了其长达 6 年的木星之旅。

 **"伽利略号"飞往木星的飞行路径是什么样的？**

"伽利略号"需要借助 3 次大规模的引力助推才能获得足够的速度前往木星。金星-地球-地球重力助推这一机动操作使"伽利略号"于 1990 年 2 月 10 日飞掠金星，1990 年 12 月 8 日飞掠地球，1992 年 12 月 8 日再次飞掠地球。这段多出来的飞行时间和距离竟然给科学带来了意外惊喜："伽利略号"因此能够近距离飞掠并研究两颗小行星——加斯普拉（1991 年 10 月 29 日）和艾达（1993 年 8 月 28 日）。飞掠艾达时，它发现了史上第一颗围绕小行星运行的卫星——较小的卫星艾卫，它围绕艾达运行。然后在 1994 年，距离目的地大约还有 1 年时间时，"伽利略号"的摄像机已经处于最佳位置，可以观测到舒梅克-列维 9 号彗星的碎片撞击木星的过程。

 **"伽利略号"航天器的微型探测器是如何运作的？**

1995 年 12 月 7 日，"伽利略号"航天器投放出微型探测器，以 17 万千米／小时的速度进入木星大气层。在 2 分钟内，它的速度减慢到低于 17 千米 / 小时。不久之后，探测器打开降落伞，进一步减缓下落速度，朝着木星的地面缓缓下降。在下落过程中，强烈的风将它水平吹离了近 500 千米。总体上，微型探测器工作了 58 分钟，对这颗巨大行星进行了详细的拍照和测量，直到其仪器在木星大气层顶以下约 150 千米处停止工作。8 小时后，温度达到 1 900 摄氏度，探测器汽化了。

 **"伽利略号"在 1992 年飞掠地球时做了什么实验？**

在 1992 年 12 月飞掠地球期间，"伽利略号"做了一项实验，以测试是否可以使用可见光激光器与航天器进行通信。"伽利略号"光学实验取得了成功：地球上的科学家从加利福尼亚州和新墨西哥州的地面站发射了一系列明亮的激光脉冲，"伽利略号"拍摄了这些脉冲的数码照片，并成功地在近 400 万千米的距离上检测到了其中约 1/3 的脉冲。

 **"伽利略号"遇到了什么问题？**

1995 年 12 月 7 日，"伽利略号"成功进入木星轨道。不幸的是，其高增益天线出现故障，因此天文学家只能通过一个信号弱得多的备用天线接收数据。科学家们想出了一些富有创造性的办法，将通信速度提高了近 10 倍；但即便如此，在最佳状态下，其传输速度也仅为地球上拨号调制解调器速度的 1%。

 **"伽利略号"工作了多久？**

"伽利略号"的工作寿命甚至超过了最乐观的预计。在其入轨后的 2 年，主要科学任务结束后，该航天器又继续执行了 5 年多的扩展任务。"伽利略号"的相机最终因辐射损坏而失效，并于 2002 年 12 月 17 日关闭。该航天器一直持续发送宝贵的科学数据，任务结束时，共向地球传回了约 1.4 万张图像和 30 千兆字节的数据。总体上，"伽利略号"围绕木星运行了 34 周，总行程达 46 亿千米。

 **"伽利略号"任务是如何结束的？**

在经历了所有的挑战和困难之后，"伽利略号"航天器除了高增益天线失效外，其余部分运行良好。到了 2003 年，它几乎耗尽了所有推进剂。如果"伽利略号"的飞行不受控制，那么它可能意外撞向木星的一颗卫星，因此美国国家航空航天局的飞行控制人员决定故意让航天器飞入木星大气层，以此结束这次任务。2003 年 9 月 21 日，科学家们抓住了最后一次机会来研究我们太阳系中最大的行星。当"伽利略号"坠入大气层并燃烧殆尽时，其仪器比以往任何时候都更近距离、更精确地记录了木星的大气层和磁层状况。

## "卡西尼-惠更斯号"任务

 ### "卡西尼-惠更斯号"任务是什么？

"卡西尼-惠更斯号"任务是一项耗资数十亿美元的国际科学合作项目，旨在研究土星及其周边环境，特别是土星最大的卫星——土卫六。美国国家航空航天局、欧洲航天局和意大利航天局共同参与了这一探测任务。该任务装备精良，功能齐全，包括"卡西尼号"轨道飞行器，它还携带"惠更斯号"着陆器，支持它前往土卫六的任务。在途中，"卡西尼号"还飞掠了木星。

 ### "卡西尼号"航天器是什么样的？

"卡西尼号"是一个罐状的有效载荷，长约 6.8 米，直径约 4 米。航天器一端安装了一个大型伞状天线，这是航天器最宽的部分。其长长的雷达臂从航天器侧面伸出，横向延伸约 11 米。连同"惠更斯号"着陆器在内，航天器在发射时的重量为 2.5 吨，还另外携带了 3 吨燃料。"卡西尼号"搭载了 12 台科学仪器，"惠更斯号"则搭载了 6 台。

"卡西尼号"土星探测器在美国加利福尼亚州帕萨迪纳的喷气推进实验室中进行热测试。

### "卡西尼号"什么时候到达了土星？

1997 年 10 月 15 日，"卡西尼-惠更斯号"搭乘"泰坦 IVB-半人马号"火箭，从美国佛罗里达州卡纳维拉尔角发射升空。其飞行路线包括 2 次飞掠金星，1999 年 8 月 18 日飞掠地球，2000 年 12 月 30 日飞掠木星。这 4 次飞掠都被用作引力弹弓，以帮助"卡西尼-惠更斯号"抵达土星。经过近 7 年的飞行，该航天器终于在 2004 年 7 月 1 日进入土星轨道。

 ### "卡西尼号"在飞掠木星时进行了哪些探测活动？

"卡西尼号"的土星之旅非常漫长，因此在途中，航天器能够进行科学观测，而且这些科学观测是旅程中非常重要的一环。2000 年 10 月—2001 年 3 月，"卡西尼号"在飞掠木星期间对其进行了深入研究，拍摄了数千张照片，并与"伽利略号"航天器合作进行了关键测量。"卡西尼号"获得了众多发现，包括发现了木星极地附近持续存在的天气模式；而"卡西尼号"绘制的木星磁场图显示，木星的磁层并不是平滑的圆形，而是歪斜的，并且有几个"漏洞"，荷电粒子可以形成巨大的粒子流从中"泄漏"。

 ### "卡西尼号"是如何进入土星轨道的？

"卡西尼号"到达土星时，它启动了火箭，使其燃烧了 97 分钟，同时利用土星的引力减速。最危险的时刻是在航天器穿越土星环平面的过程中：入轨的轨迹经过了精心规划，以确保"卡西尼号"能够通过环平面中的一个间隙穿越，但只要与一块较大的环物质碰撞一次，任务就会终止。幸运的是，入轨成功了。入轨后，"卡西尼号"在复杂的蝴蝶形（或螺旋仪形）的轨道上绕土星运行，在高度椭圆的路径中快速接近土星然后远离土星，以近距离收集有关土星本身及其迷人的光环和卫星系统的数据。

 ### "卡西尼号"是如何验证爱因斯坦的相对论的？

2003 年，天文学家利用"卡西尼号"土星探测器，以前所未有的精确度测试了阿尔伯特·爱因斯坦广义相对论的正确性。"卡西尼号"土星探测器发射和接收的无线电信号的延迟时间随着人类视线与太阳距离的不同而变化，天文学家通过比较这些变化，能够观察到太阳引力在多大程度上偏折了信号，进而揭示了时空的弯曲。该实验的结果与广义相对论的误差仅约 0.002%，比以往任何测量的精确度都高出约 100 倍。

 ### "卡西尼号"获得了哪些关于土星的发现？

在这次任务中，"卡西尼号"获得了许多关于土星的发现。"卡西尼号"发现土星厚厚的大气层内部会发生剧烈的物理活动，包括在巨大、深邃的大气柱中会形成比地球上最大的风暴都要强大 1 万倍的雷暴，而这些大气柱的大小竟与我们整个地球相当。在土星南极附近发现了飓风——这是首次在地球上以外的地方发现飓风。它的直径达到 8 000 千米，风速高达 550 千米 / 小时。20 世纪 80 年代，"旅行者号"宇宙飞船首次测量了土星大气层，在"卡西尼号"测量的时候，它发现土星大气层的性质发生了重大变化。这意味着土星绝不是一个静态系统，而是处于持续的变化和发展中。

 ### "卡西尼号"获得了哪些关于土星卫星的发现？

"卡西尼号"新发现了多颗环绕土星的卫星，其中包括几颗靠近土星环甚至位于土星环内的卫星。它还拍摄到了多颗已知的土星卫星的壮观图像，包括土卫六、土卫五、土卫四、土卫三、土卫七和土卫二。

 ### "卡西尼号"获得了哪些关于土星环的发现？

"卡西尼号"拍摄到了有史以来最详细的土星环的照片，让我们发现构成这些环的系统是如此庞大，如此复杂，却又如此稳定美丽。"卡西尼号"的发现包括新的环、环附近的新卫星、一颗从 F 环"窃取"颗粒的小卫星、另一颗向 E 环添加颗粒的卫星（土卫二），以及类似波浪、尾流、辫子、稻草和绳索的特征。

 ### "惠更斯号"探测器是如何配置的？

"惠更斯号"土星探测器被安装在"卡西尼号"轨道器的底部，位于高增益天线的对面。它是一个重 320 千克、宽 1.2 米、形状类似飞碟的飞行器，配备了 1 个多降落伞的着陆系统和 6 台科学仪器。

喷气推进实验室的技术人员正在对"惠更斯号"土星探测器进行维修，以修复其在测试期间隔热层受损的问题。

 **"惠更斯号"探测器是如何降落在土卫六上的？**

在随"卡西尼号"轨道器飞行了 7 年多的时间之后，"惠更斯号"土星探测器于 2004 年 12 月 25 日与"卡西尼号"分离。它独自巡航了 400 万千米，并于 2005 年 1 月 14 日进入土卫六大气层。在任务发射多年后，科学家修改了"惠更斯号"分离和进入大气层的日期，因为他们发现计算机软件中有一个缺陷会导致从"惠更斯号"传输的所有数据丢失。选择的新日期比原计划晚 1 个月，是充分考虑了"卡西尼号""惠更斯号"和地球之间的相对运动，确保人们能够成功接收"惠更斯号"传输的数据。这成了一个科学复核的明智的例子。

"惠更斯号"以超过 12 000 英里／小时（约 19 312.1 千米／小时）的速度撞向土卫六大气层。一系列降落伞的打开使探测器的速度降至 200 英里／小时（约 321.9 千米／小时）以下。在 75 英里（约 120.7 米）高的地方，最后一个降落伞打开，进一步减缓了"惠更斯号"的速度。经过 2 个多小时的下落，"惠更斯号"以仅 10 英里／小时（约 16.1 千米／小时）的速度降落在土卫六表面。

**"惠更斯号"探测器揭示了哪些关于土卫六的信息？**

"惠更斯号"向地球传回了 350 张图像以及大量土卫六的辐射测量和气象数据。数据表明，土卫六的大气中含有多种基于碳和氢的化学物质——这些是构成更复杂的有机分子的基本构件。土卫六上有强烈的风暴活动、多变的天气现象，还有雷电。那里也有云和雨，但构成雨的不是水，而是液态的碳氢化合物，如甲烷。

"惠更斯号"的摄像机拍摄了土卫六上令人惊叹的丰富地质历史，包括其表面自由流动的液态碳氢化合物。当"惠更斯号"着陆在土卫六表面时，它撞击到了一层又薄又脆的地壳。这层破碎的地壳之下是沙质的沼泽物质，探测器的撞击使其升温，从而释放出了一丝丝甲烷气体。地面的温度为−180 摄氏度，土壤主要由肮脏的水冰和甲烷 / 乙烷冰构成。着陆点周围地面的图片显示，其表面看起来像干枯的河床，散落着被磨平的大块岩石和小块卵石。

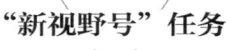
"新视野号"任务

 **"新视野号"任务是什么？**

"新视野号"是一个前往柯伊伯带进行空间探索的探测器。它飞掠了冥王星，首次近距离观测这颗矮行星，并有望观测其他柯伊伯带天体。在获得"新视野号"这一名称之前，这一任务被称为"冥王星-柯伊伯带快车号"；更早的时候，它仅被称为"冥王星快车号"。

 **"新视野号"是什么时候到达冥王星的？**

2006 年 1 月 19 日，"新视野号"搭乘"阿特拉斯 V-551"火箭，从美国佛罗里达州卡纳维拉尔角发射升空。由于冥王星的距离极其遥远，且到达的时间至关重要，因此该任务在前往柯伊伯带的漫长曲折旅程中不会进行多次引力助推。相反，"新视野号"航天器被直接发射到了一条逃逸轨道上，速度高达 5.8 万千米 / 小时，这是目前空间探测器的最高发射速度，它直奔木星而去。它于 2007 年 2 月 28 日飞掠木星，并利用木星的引力弹弓继续向冥王星飞去。和预计的一样，"新视野号"于 2015 年 7 月 14 日飞掠冥王星。

**"新视野号"航天器携带了哪些仪器？**

"新视野号"上搭载了 7 台科学仪器，其中的尘埃计数器由学生制造，在航天器穿越太阳系时也由学生操作。此外，还有放射性实验仪器、用于测量冥王星周围太阳风的太阳风分析仪、高能粒子频谱仪、远程勘测成像仪，以及 2 台成像摄谱仪。

 **"新视野号"的成像摄谱仪名称受到哪部著名老电视剧的启发？**

"新视野号"上的 2 台成像摄谱仪是以经典电视剧《蜜月期》中的主人公名字命名的，分别被昵称为"拉尔夫"和"爱丽丝"。

 **"新视野号"获得了哪些科学发现？**

在快速飞掠木星的过程中，"新视野号"探索到有关木星系的此前人类未曾见过的细节，包括木星两极附近的闪电、木星大气中氨气云的形成与消散、木星环中巨大的岩石和冰块团、木星磁层中荷电粒子的路径，以及木星卫星木卫一上喷发的火山的内部结构。

# 探测小行星和彗星

 **人类最早利用哪些航天器去探测小行星和彗星？**

"伽利略号"探测器在前往木星的途中首次实现了对小行星的飞掠。1991 年 10 月，该探测器飞掠了小行星加斯普拉，1993 年 8 月又飞掠了小行星艾达。这 2 次飞掠提供了首批小行星的近距离图像，让我们知道小行星表面实际上非常有趣，并揭示了小行星也可能有卫星——艾达就有一颗名为艾卫的卫星。这些飞掠中的发现激发了人们对小行星科学的兴趣，并推动了未来几项重要任务的开展。

首批以彗星为主要科学研究对象的航天器被送往哈雷彗星。全球都在期待 1986 年哈雷彗星回归内太阳系之时，多国携手合作，发射航天器去研究这颗彗星及其彗尾。1986 年，日本的 2 艘航天器"先驱号"和"彗星号"，以及苏联的 2 艘航天器"织女星 1 号"和"织女星 2 号"近距离飞掠了哈雷彗星。美国国家航空航天局和欧洲航天局于 1978 年 8 月 12 日发射了"国际日地探测器 3 号"，这一探测器在完成其原始任务后被重新命名为国际彗星探测器，并在 1985 年观测了贾科比尼-津纳彗星，1986 年又观测了哈雷彗星。然而，国际彗星探测器没有搭载相机。观测哈雷彗星最重要的航天器是"乔托号"行星星际探测器。

 ## "乔托号"任务是什么？

1985 年 7 月 2 日，在法属圭亚那的库鲁，欧洲航天局使用一枚"阿丽亚娜 1 号"运载火箭将"乔托号"发射升空。借助来自国际彗星探测器、"先驱号"、"彗星号"、"织女星 1 号"和"织女星 2 号"的信息，飞行工程师们成功使"乔托号"于 1986 年 3 月 13 日到达距离哈雷彗星的彗核不足 600 千米的地方。尽管遭受多次彗星粒子撞击，造成了一定的损坏，但是"乔托号"仍然拍摄到了壮观的特写照片，开启了人类对行星际彗星的严肃研究。

"乔托号"的任务并未就此结束。1990 年，欧洲航天局的飞行控制人员在 4 年后重启了处于休眠模式的"乔托号"（这是此类航天器的首次重启），并将其重定向至格里格-斯基勒鲁普彗星。它于 1992 年 7 月 10 日成功飞掠该彗星，距离彗核仅 200 千米。虽然它无法拍摄照片——其相机在哈雷彗星任务期间已损坏到无法修复，但"乔托号"收集到了其他宝贵的数据。它成为首个飞掠 2 颗彗星的彗核的航天器。

## "NEAR-舒梅克号"任务

 ## "NEAR-舒梅克号"探测器是什么？

NEAR 是 Near Earth Asteroid Rendezvous（近地小行星探测器）的缩写，这一任务是首个专门被派去探索并绕一颗小行星运行的航天器。其选定目标为小行星 433 号爱神星，这颗小行星形似山药，其轨道接近地球。NEAR 于 1996 年 2 月 17 日搭乘一枚"德尔塔 II 型"火箭发射升空。在与爱神星成功会合后，该任务被重新命名为"NEAR-舒梅克号"，以纪念行星科学的先驱尤金·舒梅克。

 ## NEAR 航天器是如何配置的？

NEAR 航天器的形状类似于一个八角棱镜，边长约为 1.7 米，配备有 4 块太阳能电池板和 1 根长约 1.5 米的高增益射电天线。其科学有效载荷包括 1 台 X 射线 / γ 射线频谱仪、1 台近红外成像频谱仪、1 台配备有电荷耦合器件成像探测器的多谱段相机、1 台激光测高仪、1 台无线电科学实验设备以及 1 台磁强计。

 ### NEAR 航天器是如何到达小行星 433 号爱神星的？

在飞向爱神星的途中，NEAR 首先于 1997 年 6 月 7 日飞掠了小行星 253 号玛蒂尔德，然后于 1998 年 1 月 23 日飞掠了地球。最初计划 NEAR 于 1999 年 1 月到达小行星爱神星，并在其周围进行为期 1 年的轨道运行。然而，不幸的是，就在预定达到日期的前几周，航天器发动机的一次不当点火使任务陷入了危险。结果，科学家们使 NEAR 于 1998 年 12 月 23 日飞掠了爱神星，并花费了 1 年多的时间才重新定位航天器，以便入轨。2000 年 2 月 14 日，NEAR 成功进入爱神星轨道，并开始围绕这颗小行星进行轨道运行。

 ### NEAR 航天器是如何围绕小行星 433 号爱神星进行轨道运行的？

与围绕一颗质量巨大且形状规则的行星运行不同，围绕像爱神星这样质量较轻且形状不规则的小行星运行是极其复杂的，不能简单地通过椭圆形轨道来实现。其轨道模式是一系列复杂的螺旋形椭圆，而且椭圆的大小和形状都在不断变化。此外，这一轨道要求航天器必须非常接近小行星表面——距离在 5 至 360 千米之间。飞行工程师必须时刻关注"NEAR-舒梅克号"的位置和距离，以免其意外撞击爱神星。

 ### NEAR 航天器揭示了哪些关于小行星 433 号爱神星的信息？

爱神星是一颗石质小行星，长 33 千米，宽 13 千米，形状像个山药。"NEAR-舒梅克号"探测器拍摄的爱神星的近距离照片显示，它远不止是一块飘浮在太空中的岩石。尽管它只是一个小天体，但却有着丰富多彩的地质历史。大约 10 亿年前，它与另一个天体发生了一次重大碰撞，形成了一个陨击坑，而飞溅回落到小行星上的物质构成了爱神星表面所有的岩石和尘埃。这次碰撞产生的地震冲击波波及了整个星球，可能改变了爱神星的形状，并影响了当时存在的所有其他陨击坑和表面物质。爱神星的密度与地球地壳大致相同，是水的 2.4 倍。它在绕太阳运行的同时在太空中翻滚，每 643 天完成一次公转，每 5 小时 16 分钟完成一次自转。

### "NEAR-舒梅克号"任务是如何结束的?

2001 年 2 月 12 日,飞行工程师们控制"NEAR-舒梅克号"航天器缓缓降落在 433 号小行星爱神星的表面。它以大约 3 英里 / 小时(约 4.8 千米 / 小时,大概是快速步行的速度)的速度着陆。令科学家们倍感欣慰的是,尽管在设计它的时候并没有考虑让它着陆,但这一航天器着陆时仅遭受了轻微损坏,幸存了下来。采集几个星期的地表数据之后,"NEAR-舒梅克号"于 2001 年 2 月 28 日正式结束了它的空间探测之旅。

## "深度撞击号"任务

### "深度撞击号"任务是什么?

"深度撞击号"任务计划使一个坚硬且致密的物体高速撞击彗星,随后拍摄撞击地点及喷射出的物质的照片,并收集其他相关数据。进行这项研究是为了探索彗星内部(太阳系中未改变的最古老的物质),以此揭示有关行星起源的信息,以及学习如何应对未来可能与地球相撞的彗星。这项空间探索任务结合了地面望远镜和空间望远镜,它们集中

"深度撞击号"任务让天文学家了解了彗星的构成物质,包括黏土、碳酸盐、结晶硅酸盐、多环芳烃、铁化合物,甚至还有红褐色的宝石尖晶石微粒。

观测，共同研究，以探测彗星并观察撞击的后果。

 **"深度撞击号"航天器有哪些结构？**

　　"深度撞击号"航天器由两部分组成：飞掠器和撞击器。飞掠器长约 3 米，宽约 1.8 米，高约 2.4 米，配备了灵敏的科学仪器。撞击器是一个重达 370 千克的金属（主要是铜）盒子，大小与洗衣机相仿，并配备了 1 台摄像机和 1 个小型推进器。

 **"深度撞击号"是如何与目标彗星相撞的？**

　　2005 年 1 月 12 日，美国国家航空航天局使用一枚"德尔塔 II 型"火箭发射了"深度撞击号"探测器，它的目标是坦普尔 1 号彗星。7 月 3 日，撞击器与飞掠器分离，并自行导航进入迎面而来的彗星轨道。次日，科学家利用仪器进行观测，公众则通过互联网观看，坦普尔 1 号彗星以超过 3.7 万千米 / 小时的速度撞上了撞击器。

 **"深度撞击号"与坦普尔 1 号彗星相撞时发生了什么？**

　　"深度撞击号"撞击彗星后扬起的彗星物质数量庞大且反光强烈，导致摄像机和其他仪器无法直接观测到撞击坑本身。但这次撞击带来的科学回报十分丰厚。天文学家首次能够研究太阳系中 40 亿年前就存在的未经改变的冰和尘埃。结果还显示了彗星是多么柔软，而且竟然呈粉末状！如果人类将来需要改变一颗正冲向地球的彗星的轨道，这一点非常重要，因为不了解彗星的构成的话，就可能使用错误的技术，导致任务失败。

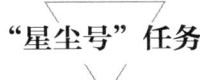

## "星尘号"任务

 **"星尘号"任务是什么？**

　　1999 年 2 月 7 日，"星尘号"从美国佛罗里达州卡纳维拉尔角由一枚"德尔塔 II 型"火箭发射升空。它的目标是怀尔德 2 号彗星，任务是捕获彗星的彗发中尘埃颗粒大小的物质，然后返回地球。在前往彗星和返回地球的途中，"星尘号"都会收集它遇到的星际尘埃颗粒。这些尘埃颗粒随后被安全送回地球表面以供研究，而航天器飞掠我们的星球后继续前行。

## 为什么研究行星际尘埃很重要？

太阳系远比我们以为的空旷。尽管人们最关注的是太阳系中一些最大的天体，但太阳系的其他部分也不应被忽视。太阳系中所有较大的天体都是由较小的天体构成的，而一切都是从尘埃开始的。因此，太阳系中飘浮的最微小的颗粒可能包含一些关于太阳系及其内部物质起源的最佳线索，以及我们今天所居住的太阳系环境的线索，它们甚至可能包含关于银河系中其他恒星及其起源的线索。

 ## "星尘号"航天器是什么样的？

"星尘号"航天器的大小和形状大约相当于一台大型冰箱。除了搭载相机和其他科学仪器外，还安装了一个特殊的返回舱，用于捕获、存储彗星和行星际粒子，并安全地将它们带回地球。

 ## "星尘号"航天器是如何捕获彗星和行星际粒子的？

当"星尘号"处于粒子捕获模式时，会打开返回舱，同时会从航天器上伸出一条机械臂。这条机械臂看起来像网球拍或棒球捕手的手套，上面装有扁平的气凝胶托盘——气凝胶是一种超轻、超强的物质。当粒子撞到气凝胶上时，它们的速度会在极短的时间内从超过1万英里/小时（约1.6万千米/小时）减到零，嵌入气凝胶的基质中而不会破碎或熔化。粒子收集工作结束后，机械臂收回，气凝胶被安全地存放在返回舱中。

 ## 气凝胶是什么？

气凝胶，有时被昵称为"冻烟"，是一种固体、半透明的泡沫材料，几乎完全（约99.8%）由气体构成。它可以由不同的物质制成，如二氧化硅、碳或氧化铝。气凝胶是人类制造出的最轻的固体物质，同时它具有出色的隔热性能和结构强度。航天器设计师经常使用气凝胶来为其有效载荷（如火星探测漫游车）隔热。在"星尘号"任务中，气凝胶是捕捉高速飞行的彗星和行星际粒子的理想材料，既不会因撞击而破坏这些粒子，也不会因摩擦产生的热量而毁坏粒子。

**"星尘号"任务是如何将彗星和行星际粒子带回地球的?**

2004 年 1 月 2 日,"星尘号"探测器飞掠了怀尔德 2 号彗星,其间它的收集器始终处于打开的状态。2006 年 1 月 15 日早晨,当探测器掠过地球大气层顶时,返回舱被释放,向地球飞来。返回舱以约 46 500 千米 / 小时的速度沿近乎平坦的轨迹进入大气层,这是人造物体有史以来最快的重返大气层速度。借助一系列降落伞减缓速度,返回舱安全降落在美国犹他州沙漠,镶嵌在气凝胶块中的 100 多万颗彗星和行星际粒子完好无损,随即被送去科学研究。

# 第4章
## 宇宙中的生命

## 在太空中生活

 **人类能在太空中生活吗？**

人类不仅能在太空中生活——人类实际上已经在太空中生活了！自1971年以来，空间站一直在低地球轨道上运行，人类可以在空间站里长时间逗留在太空中。事实上，人类已经在空间站中生活了那么久，以至于地球上大多数人已经不再对此感到惊讶。现在，人类面临的挑战是在低地球轨道以外的太空生活，比如在月球、火星上，或者在行星际飞船或星际飞船中。

 **人类在太空中生活，需要哪些生命维持系统？**

在太空中，人类生存所需的一切环境条件，包括呼吸的空气、饮用的水、食用的食物以及活动的空间，都必须由人工方法提供。这意味着必须存在一个完全封闭的生命维持环境，里面包括从光照、热量到空气循环利用和废物处理等一切设施。对于任何位于地球大气层之上的人类栖息地来说，提供对太空环境中危害的防护也至关重要，比如过量的辐射、宇宙线或陨星。

 **在太空中人类的身体会发生哪些变化？**

无论是在轨道上还是在深空中，人类都处于失重状态；也就是说，他们身体所受的垂直合力为零。对轨道上的人类来说，这并不是因为他们离地球很远，而是因为他们

人类要在零重力环境中生活，必须做出许多调整。图中，航天飞机宇航员凯瑟琳·沙利文（左）和萨莉·赖德展示了她们睡觉时使用的尼龙搭扣和松紧带约束装置，用来防止人飘走。

在轨道上的运动产生了加速度，这种加速度与地球的重力加速度完全平衡。由于人类是在有重力的环境中进化出来的，我们的生物系统在零重力或微重力环境下会产生显著的反应：体液，如血液，会涌向面部，使皮肤肿胀；肌肉纤维因缺乏使用而变细，导致肌肉虚弱和萎缩；骨骼中的矿物质转换过程减慢，导致骨密度降低，可能让人患上骨质疏松。因此，当人们在太空中停留较长时间时，必须进行严格的体育锻炼以保持健康。

 ### 天空实验室中的生活是什么样的？

别看天空实验室只是一个太空中的大铁皮罐，里面的生活条件却舒适得出奇。生活区相当宽敞，每个人都有私人的睡眠设施。厨房区域配备了 1 个冰柜，内有 72 种不同的食物可供选择，还有类似烤箱的设备。餐桌放在窗边，这样宇航员在用餐时就能欣赏到太空的景色。太空实验室甚至还有第一个太空淋浴间和私人厕所。（厕所配备了安全带，以防止宇航员使用的时候飘浮起来。）

**宇航员是如何在天空实验室里进行锻炼的？**

宇航员为了保持身体健康，对抗生理系统的衰退，必须执行严格的锻炼计划。天空实验室配备了锻炼设备，包括 1 辆固定自行车和 1 台跑步机。然而，在太空中锻炼会产生一个奇特的后果：汗水会从宇航员的身体上飘散，在空中形成黏稠的小水团。锻炼的人必须用毛巾接住这些水团，不然水碰到设备，过多湿气可能会损坏物品！

 **"和平号"空间站中的生活是什么样的？**

"和平号"空间站的生活空间包括 2 个小型睡眠舱和 1 个设有餐饮设施和锻炼设备的公共区域。它可以同时容纳三人进行无限期长住，或最多六人进行为期 1 个月以内的短期居住。虽然空间逼仄，但设计者充分考虑到"和平号"的舒适性和隐私性，因为在设计时已预见到，机组人员将在空间站中生活很长时间。

在"和平号"空间站中，美国宇航员香农·露西德正在锻炼，以防止她的骨骼和肌肉变弱。

 **国际空间站是什么？**

国际空间站是一个多国合作的研究设施，在位于地球表面上方 340 千米的轨道上运行。国际空间站项目起源于美国和俄罗斯政府之间的一项协议。美苏双方都希望建立人类在太空的永久驻留地，但单独行动又缺乏政治意愿和资金支持。随着1991年苏联解体和冷战结束，在美国和俄罗斯这两个大国中，民用空间项目在资金上不得不让位于其他项目，因此，美国的"自由号"和俄罗斯的"和平2号"空间站计划都近乎停滞。1993年，双方达成了一项协议，决定建造一个新的、完全国际化的空间站，并计划在2010年前完成，这一计划最终得到了两国选民和纳税人的支持。

▌艺术家描绘的航天飞机准备与"自由号"空间站对接的画作

##  国际空间站是什么样的？

在建造到一半的时候，国际空间站就已经是当时建造过的最大的空间站了。它的主桁架又长又窄，上面有几个水平向外延伸的模块，以及几组太阳能电池板，来为空间站的多个系统提供电力——国际空间站的太阳能电池板阵列的跨度大约相当于一个足球场的长度。国际空间站的主要部件最初是其他独立空间任务的一部分，如美国的"自由号"空间站、俄罗斯的"和平号2号"空间站、欧洲的"哥伦布"计划以及日本的"希望号"实验模块，它们后来被改造并整合进了国际空间站。

**国际空间站的价值何在？**

国际空间站的批评者一直认为，该项目是一项耗资巨大却成效甚微的工程。他们认为，国际空间站取得的任何科学回报都可以通过更廉价的方式实现。此外，这么多国际合作伙伴的参与和管理也引发了进一步的抱怨，批评者认为这导致了资源浪费和效率低下。而由于在近地轨道上维持人类生命需要巨大成本，也存在潜在危险，因此这一项目也剥夺了许多其他有价值的空间项目的资源。

尽管这些论点可能具有一定的合理性，但我们不应该单纯地从经济角度出发，而应该从一个更全面的社会学视角来看待国际空间站。历史上没有一项空间计划不需要花费大量人力财力，而且都经历过尴尬、失败或悲剧。然而，人类的太空飞行和空间探索仍然引领着我们这个物种超越了地球所施加的限制。在某种程度上，国际空间站几乎成了其成功的受害者。人类在国际空间站中连续居住的时间太长了，以至于从地球到空间站的太空旅行现在看起来已经变得司空见惯，无法再激起纳税人和立法者的兴趣。除去航天飞机的成本，美国政府每年在国际空间站上的花费约为 20 亿美元。这是一笔巨款，但其实，它相当于每个美国公民每天花费不到 2 美分。国际空间站可以激发我们的创造力、想象力和学习成长的欲望，可能完全值得这个价格。

# 地月系中的生命

 **哪些因素使地球成为太阳系中独一无二的天体？**

据人们目前所知，地球是宇宙中唯一支持生命存在的地方。许多科学家认为，总有一天我们会在宇宙的其他地方发现生命，但即使我们确实在太阳系、银河系或宇宙的其他地方发现了其他生命形式，我们也应该意识到地球上的生命是宝贵的，应该珍视这个植物和动物物种繁多的星球。

 **地球大气层对地球上的生命有多重要？**

如果没有地球大气层，那就没有多少生命形式能够在地球上存活较长时间。我们呼吸着大气层中的空气，大气层还阻挡了来自太空的有害辐射，大气层提供的大气压使地表水保持液态，而大气层产生的温室效应则使地表温度保持在一定范围内。

 **温室效应对地球上的生命来说是有益的还是有害的？**

对关乎地球上的生命的事物而言，适度才是关键，温室效应也不例外。一定程度的温室效应对地球上的生命是非常有益的。如果地球上没有任何温室效应，那么最后海洋会结冰。然而，如果温室效应显著加剧，许多物种以及长期发展而来的环境系统（包括人类文明）将面临巨大的挑战，一些物种甚至可能灭绝。在最极端的情况下，如果像金星那样出现失控温室效应，我们所知的所有地球生命将不复存在。

 **臭氧层对地球上的生命有多重要？**

臭氧层对地球上的生命至关重要。1 个臭氧分子由 3 个氧原子组成（而普通的氧气分子由 2 个氧原子组成），它能有效吸收对植物和动物都有害的高能紫外线。

 **地球磁场对地球上的生命有多重要？**

地球磁场延伸到太空中，形成了一个被称为磁层的结构，磁层环绕着我们的星球。当磁层受到来自太空的荷电粒子的撞击时，比如来自太阳风或日冕物质抛射的粒子，它会让这些粒子发生偏转，离开地球表面，从而大大减少撞击位于地球表面的生命的粒子数量。这保护了我们免受过多粒子撞击的危害。

 **地球磁场是如何影响地球上动物的行为的？**

地球磁场对在地球上进行迁徙的动物也至关重要。一些动物拥有令人惊叹的内置磁传感器：生物学家已经证明，许多候鸟利用地球磁场来确认方向，从而确定飞行路线。同样，人类也受益于磁场，使用指南针来辨别南北。

 **海洋潮汐对地球上的生命有多重要？**

曾经，所有地球上的生命都只生活在海洋中。科学家认为，要使地球上进化出陆地生命，海洋与陆地之间必须存在一个过渡区，即需要存在一条海岸线，它在漫长的时间中时而干燥，时而湿润，呈现出有规律的周期。这样，生物就可以通过缓慢适应

月球引力产生的海洋潮汐为地球上的早期生命提供了登上陆地的机会，它们能够在潮汐池中从海洋向陆地过渡。

更干燥的环境而进化。经过数百万年的时间，一些生物最终可能进化成完全生活在陆地上、能够在陆地上呼吸的生物。那些拥有规律且强烈的海洋潮汐的地区正好提供了这样的过渡区，大约每 13 小时就会经历一次湿润和干燥的变化。因此，像人类这样的陆地动物很可能是在古代大陆沿海地区的潮汐湖和蓄潮池中开始了它们的登陆历程。如果没有月球，这样的潮汐就不会存在，所以月球也对地球上生命的进化至关重要。

 ## 地球上水和生命有没有可能来自彗星？

由于彗星中含有大量冰和岩石，天文学家一直推测，在地球早期历史中，一些彗星与地球相撞，可能在地表留下大量的水。最近，又有人提出了其他假说，认为构成生命的有机成分，比如复杂的蛋白质和 DNA 分子，可能是在太阳系或银河系的其他地方形成的；它们可能被冻在彗星的冰中，数亿年前被带到地球表面，在我们的星球上播下了生命的"种子"。然而，最新的研究表明，尽管地外天体有一定概率为地球带来水，但复杂的有机分子在暴露于星际空间极端寒冷和充满辐射的环境中时，可能会迅速分解，无法在彗星的冰中存活数百万年之久。

**木星是如何保护地球上的生命的?**

尽管木星与地球的平均距离达到 8 亿千米,但其强大的引力可能在地球生命的发展中发挥了重要作用。木星的引力将各种天体(包括彗星和小行星)吸引到木星周围。如果地球在过去 40 亿年里受到过多彗星和小行星的轰击,那么地球上的生命可能根本没有机会发展和进化到现在的程度。木星就像一块盾牌,吸引了大量原本可能重创地球生命的"子弹"。

 **月球上有液态水吗?**

月球表面不存在液态水。这是因为月球上没有大气层,没有大气层就没有大气压,水就无法保持液态。同时,也没有证据表明月球表面之下存在液态水。

 **月球上有冰吗?**

有证据表明,月球表面确实存在水冰。1994 年,"克莱芒蒂娜号"月球探测器对月球南极进行了雷达测量,结果显示月球的土壤和岩石中可能混有冻结的水。测量的具体区域大约相当于 4 个足球场的大小,深度约为 5 米。据推测,这些冰位于一个深坑内部,可能是在一颗主要由水冰组成的彗星撞击月球表面时留在那里的。阳光无法照射到深坑的深处,因此这些冰没有融化,留存至今。

# 太阳系中的生命

 **"卡西尼号"在土卫二上发现了什么?**

"卡西尼号"有一个引人入胜的发现:土卫二上有液态水,而且液态水以巨大喷泉的形式喷入深空。在太空中冻结的水滴构成了土星最微弱、最遥远的光环——E 环的大部分。这一发现表明土卫二可能是人类寻找外星生命的好地方。

 **太阳系中哪些地方存在液态水?**

众所周知,地球表面存在大量液态水。几十年来对火星的详细研究表明,有强有力的证据表明火星地下存在液态水，并且有时会通过火星表面的峡谷壁喷涌而出，其他地质事件也可能导致液态水涌上地表。科学家利用"伽利略号"木星探测器进行了一系列研究，结果显示木星的两颗卫星——木卫二和木卫三，其地下深处可能含有液态水。利用"卡西尼号"航天器进行的研究则表明，土星的卫星土卫二会通过其冰层表面的裂缝，将液态水喷入深空。

 ## 太阳系中哪些地方存在能够支持生命的化学物质？

几乎每一个太阳系天体中都蕴含着构成我们所知的生命的化学元素。这可能是因为这些元素（主要是氢、氧、碳和氮）是宇宙中最为常见的元素。有些地方上述元素的含量特别高，比如气态巨行星的大气层，地球、火星和土卫六的表面，以及木卫二和木卫三的地下深处。

 ## 太阳系中哪些地方存在能够支持生命的稳定的能量？

在太阳系中，最丰富的稳定能量来自太阳。在太阳周围有一个特定区域，离太阳既不太远也不太近，那里的太阳辐射足够强烈，能够将冰融化成液态水，但又不会过于强烈，将液态水汽化成水蒸气。地球恰好位于太阳系内的宜居带内。

有趣的是，对于太阳系中的许多天体来说，稳定能量可能来自其核心深处。如果存在潮汐相互作用，那么能量可能会在整个天体中持续流动。如果质量分化（即密度大的金属物质缓慢下沉，穿过天体中较轻的岩石层或气层）仍在进行，那么该过程会在很大的时间尺度上持续释放温和的重力势能。除了地球之外，地下能量源可能足以支持生命的太阳系天体包括火星、木卫二和木卫三。

 ## "惠更斯号"探测器有没有发现土卫六上存在生命的可能性？

科学家一直推测，土卫六可能具备支持生命发展的化学成分，所以他们好奇"惠更斯号"是否能在其表面发现生命。然而，事实是"惠更斯号"并未发现任何生命迹象，但它确实提供了证据，证实了关于土卫六上存在类似生命迹象的一些重要假设。例如，天文学家一直试图解释甲烷为什么能持续存在于土卫六之上，从理论上讲，来自太阳的紫外线应该能够摧毁所有游离的甲烷气体。在地球上，大气中的甲烷气体是由生物补充的；但在土卫六上，温度太低，生命无法存活。得益"惠更斯号"的数据与科学家的理论模拟，行星科学家现在意识到，地质过程（如气体排放和火山活动）为土卫六的环境源源不断地补充甲烷，这与数十亿年前水蒸气进入地球大气层的方式非常相似。

尽管"惠更斯号"没有在土卫六上发现生命，但它证实了土卫六具备我们所知的地球上的生物过程所需的所有基本化学成分。此外，随着"惠更斯号"在土卫六上发现由液态甲烷构成的湖泊、河流、小溪和海洋，以及这颗星球上动态的、不断变化的环境，科学家们在继续探索其他星球生命的过程中，有了大量新的数据以供参考。

 ## 木星的卫星木卫二上可能存在生命吗？

研究表明，在木卫二坚固的表层之下数千米处，存在一个巨大的地下海洋，由液态水构成。关于这个地下海洋是否像地球上的海洋一样，可能成为我们所知的生命能够在其中繁衍生息的生态系统，目前存在巨大的争议。

 ## "猎兔犬2号"是什么？

到了20世纪末，发射的30多次火星任务中只有10次成功完成了其主要任务。2003年，又发生了一次失败，当时欧洲多国联合执行的"火星快车号"任务释放了一个名为"猎兔犬2号"的着陆器。该着陆器以查尔斯·达尔文构思出自然选择进化论时所乘坐的船只命名。科学家设计"猎兔犬2号"的目的是在火星上寻找生命迹象。"火星快车号"轨道器成功进入轨道，但"猎兔犬2号"并未成功着陆。后来再也没有收到过它的消息，科学家认为它在下降过程中坠毁了。

 ## "海盗号"火星探测器的主要任务是什么？

20世纪70年代，人类仍不确定火星表面是否存在生命。尽管已知火星当前的环境条件对我们所知的地球生命而言并不适宜，但来自苏联的"火星号"系列和美国的"水手号"系列空间探测器的数据表明，火星的寒冷干燥期可能与温暖湿润期交替出现，每个周期可能持续约5万年，现在火星处于寒冷干燥期，但不排除它曾经温暖湿润。这提出了一种可能性：火星表面可能已经演化出了生命形式，这些生命在恶劣气候期间处于休眠状态，然后在气候更适宜时重新活跃起来。因此，人类派出了"海盗号"探测器，其主要任务是彻底地对火星进行检查，寻找任何生命迹象，即使这种生命处于休眠或其他状态。

**火星陨石 ALH84001 中存在哪些有关化石生命的证据？**

数十个科学团队正在研究这块火星陨石及其碎片，以确定其中是否确实嵌有化石生命。主要证据包括陨石中有一些形似香肠的痕迹，这些痕迹与地球岩石中发现的一些细菌化石相似。其中一些痕迹由富含铁的磁铁矿结晶以长链形式聚集而成，在地球上，这种痕迹通常由微生物的生物过程产生。

# 寻找智慧生命

 **科学家怎样寻找外星的智慧生命？**

有一项引人入胜的事业——地外文明探索，它在很长时间里激发了无数富有创造力的思想家的想象力。很长时间以来，大多数人并没有把地外文明探索视为主流科学。尽管如今全球关于地外文明探索的讨论在很大程度上仍停留在推测和伪科学的范畴内，但确实也有学者在用科学且可信的方法探索地外文明。

现代在进行搜寻任务时，最常使用的设备是射电望远镜，用这些望远镜瞄准附近与太阳类似的恒星。它们充当天线的作用，监听外星文明从其母星发出（无论是偶然还是故意）的通信信号。

 **在监听来自外星的无线电信号时，人们面临哪些挑战？**

这类搜寻成功与否不仅取决于外星智慧生命是否存在，还取决于这些生命是否足够聪明，能够发送这样的信号。此外，无线电信号会迅速减弱。即使只传播了几十光年，星际介质也会显著地散射和减弱这些信号，这样一来，即使是地球上最大的射电望远镜也无法探测到它们。

 **脉冲星和"小绿人"有什么关系？**

20 世纪 60 年代，乔斯琳·苏珊·贝尔·伯内尔和安东尼·休伊什发现了第一颗脉冲星，它以 1.337 秒的固定间隔有规律地传来无线电信号。脉冲的周期性太强了，以至于在当时人们很难想象有什么自然现象能够导致这种规律的信号。在地球上，只有生物和人造机器才能产生如此完美、规律的现象。因此，贝尔·伯内尔和休伊什怀疑这些脉冲可能来自外星生命。他们给这颗脉冲星起了个绰号"LGM"，这是"小绿人"（Little Green Men）的缩写。结果证明，虽然这些信号并非来自"小绿人"，但同样是不同寻常的大发现：这是一颗快速旋转、带有电荷的中子星。

 ## SETI@home 是什么？

SETI@home 是由 SETI 研究所设计和推广的一个计算机程序。SETI 是地外文明探索（search for extraterrestrial intelligence）的缩写，SETI 研究所是一群致力于用科学的方法搜寻外星智慧生命的科学家组织。该程序是计算机的屏幕保护程序，在搜寻外星文明的无线电信号过程中收集到了大量无线电波数据，该程序利用闲置计算机的计算能力来分析一部分数据。不过，到目前为止，还没有任何一台计算机发现外星人发出的无线电信号。

 ## 谁是科学探索地外文明的先驱？

一般认为，美国天文学家弗兰克·德雷克是第一位致力于科学探索地外文明的人。德雷克在芝加哥长大，先后在康奈尔大学和哈佛大学获得学位。1960 年，他利用射电望远镜进行了第一次对外星智慧生命的搜索，这一行动被称为奥兹玛计划。他参与组织了第一次地外文明探索（SETI）的科学会议，在创建 SETI 研究所方面发挥了重要作用。他还构想出一个方程，如今被称为德雷克方程。

当被问及是什么激发了他对地外文明探索的兴趣时，德雷克回答道："我只是好奇。我喜欢探索并发现事物的存在。据我所知，在宇宙中你能找到的最迷人、最有趣的东西不是另一种恒星、星系或其他什么，而是另一种生命。"

 ## 德雷克方程是什么？

德雷克方程（有时也被称为绿岸公式），以地外文明探索的先驱弗兰克·德雷克的名字命名，是一个概括了地外文明探索的概念框架的数学表达式。根据该方程，在我们银河系中，人类有可能与之沟通的外星文明的数量是 7 个因素的乘积：（1）银河系中恒星形成的平均速度；（2）拥有行星的恒星所占的比例；（3）每个拥有行星的恒星周围宜居行星的平均数量；（4）真正拥有生命的宜居行星所占的比例；（5）孕育生命的行星中发展出智慧生命文明的比例;(6)产生可被我们检测到存在迹象(如无线电波或大气变化)的文明所占的比例;以及(7)这些文明发射可被我们检测到的迹象的时间长度。

德雷克方程是一种有用的科学思考地外文明探索的方式。这 7 个因素中的每一个都可以用科学的方法进行研究。然而,不幸的是,在人类文明的这个阶段,我们还没有足够的信息来准确知道其中大多数因素的实际值。不过可以肯定的是,天文学家们将继续努力探索这些因素的值。比如,对于因素(1)来说,目前天文学家们认为,银河系中大约每隔几年就会形成一颗类似太阳的恒星,但恒星的形成速度仍然只是一个估值。

 **外星的智慧生命有没有可能先发现我们?**

人类已经向太空发射了足够多证明自身存在的证据,因此外星的智慧生命确实有可能在我们发现它们之前先找到我们。1974 年,天文学家们使用位于波多黎各的阿雷西博射电望远镜向 M13(一个距离地球约 2.5 万光年的、由数十万颗恒星组成的星团)发送了一条简短的无线电信息。广播电视塔发出无线电和电视信号已经持续了半个世纪。还有一些物体已经飞出了太阳系的行星的轨道,比如"先驱者 10 号""先驱者 11 号""旅行者 1 号"和"旅行者 2 号",天文学家们在这些航天器上放了关于我们太阳系、我们地球以及我们人类自身的图片和录音。

 **"先驱者 10 号"和"先驱者 11 号"携带镀金铝板的目的是什么?**

"先驱者 10 号"和"先驱者 11 号"各携带了一块镀金铝板。板上刻有关于地球和人类的信息,期待它们在深空旅行中遇到智慧生命时能派上用处。

 **"旅行者号"航天器上的镀金唱片有什么用?**

目前,两艘"旅行者号"航天器都早已飞出了海王星的轨道。每艘航天器

"旅行者号"探测器携带着载有地球声音录音的镀金唱片。有朝一日,可能会有外星生物聆听这些录音。

上都携带了一张镀金唱片。唱片上刻有形象的图画，展示了如何使用简单的（以人类的标准而言）电子技术来播放它们。每张唱片都包含了大约 2 小时可以在地球上听到的声音，如雨声、雷声、鸟鸣和兽吼、人类语言以及各种音乐。如果某种智慧生物发现了某个"旅行者号"探测器，那么它们就有可能了解到一些关于人类和地球的信息——"旅行者号"的唱片上承载着我们向它们发出的遥远而友好的问候。

 **针对"存在外星智慧生命"这一观点，最强的反驳论点是什么？**

意大利物理学家恩里科·费密曾被问及是否存在外星智慧生命。费密回答道："它们在哪里？"关于外星智慧生命，有一个所谓的费密悖论，可以简单概括如下：如果地球上的科技继续按照目前的轨迹发展，那么在几百或几千年后，我们将成为一个能够进行行星际航行的物种。此后，即使我们的宇宙飞船需要 1 个世纪才能到达最近的恒星，人类也能够在大约 1 000 万年内遍布整个银河系。而银河系形成恒星的历史已有大约 10 亿年之久——1 万倍于上述时间跨度，与银河系的年龄相比，一个类似人类的文明发展成为如此先进的文明花不了多少时间。如果在我们的银河系中存在哪怕一个这样的先进文明，那么我们在天文观测时应该找到大量这种文明存在的证据。由于尚未观察到此类证据，因此有理由认为这样的文明并不存在。

 **支持外星智慧生命存在的最强论点是什么？**

目前，支持外星智慧生命存在的最强论点如下：（1）宇宙中有如此多的行星，必然有一些行星拥有与地球相似的环境；（2）在人类已经考察过的地球上的每一种环境中，都发现了生命的存在；（3）自然规律是普遍适用的，因此，类地行星应该能够像地球本身一样支持我们所知的生命。基于这一推理，似乎宇宙中除地球之外的其他地方存在生命几乎是板上钉钉的事。

 **"智慧生命曾经存在，但未能与我们取得联系就灭亡了"，这个论点有道理吗？**

对于认为银河系中不存在其他智慧生命的观点，有一种反驳：任何文明，就像我们人类文明一样，都可能受到诱惑，将新技术用作对抗敌人的武器。因此，有可能所有文明都在能够扩展到自己的行星系外之前就自我毁灭了。鉴于人类自己的自毁技术，如核武器和生物武器，我们尚无法否认这一假设。

# 系 外 行 星

 **系外行星是什么？**

系外行星是位于太阳系之外的行星。第一颗被确认的系外行星是在 20 世纪 90 年代末发现的；自那以后，已经发现了几百颗系外行星，并且每年都会新发现十几颗。

 **天文学家怎样寻找系外行星？**

目前，寻找系外行星最常用的方法是多普勒法，该方法利用光的多普勒效应。当一颗行星绕其恒星运行时，它会导致恒星系统的重心来回移动。通过测量恒星光谱，能够捕捉到这种运动，从而推断出是否有行星绕该恒星运行、行星的质量以及行星的轨道距离。

寻找系外行星的另一种方法是在观测恒星时，我们的视线有时会被掠过的行星遮挡。用这种方法找到的行星较少，因为这种食双星类型的系外行星非常罕见，但一旦发现了这类行星，比起用多普勒法找到的行星，天文学家可以更多地了解该系外行星的信息。使用阴影法可以测量行星的体积、温度、化学成分和大气密度等参数。

大多数天文学家认为，寻找系外行星的最佳方法是直接拍摄它们的图像。然而，遗憾的是，由于主星的光芒远远超过了行星，以当前的天文仪器的水平，这种方法是不现实的，这无异于在探照灯光束中寻找萤火虫。尽管如此，科学家们仍在不懈努力，开发新技术，期望能够无视巨大对比度的影响。也许在不久的将来，我们就能看到遥远星系中系外行星的图片。

 **怎样用干涉测量寻找系外行星？**

我们不仅可以使用干涉测量获取太空中物体的非常详细的图像，也可以分析光的干涉图样，以此获得详细的光谱。由此得出的光谱中的多普勒频移的测量结果，以及因此得出的产生频移的物体的运动数值，是十分精确的。例如，以当前的技术，实际上可以测量到在数万亿千米之外的物体运动速度变化，哪怕数值小到仅相当于一个人跑步时的速度变化！而事实证明，这正是大型行星绕行主星时，主星会产生的速度变化水平。例如，如果气态巨行星木星在水星轨道上绕太阳运行，那么太阳就会来回摆动，每隔几周改变一次运动方向，变化幅度与一个人跑步时的方向变化相似。通过测量附近类太阳恒星的光谱，并使用干涉测量检测它们速度上极其微小的变化，就可以检测和确认它们周

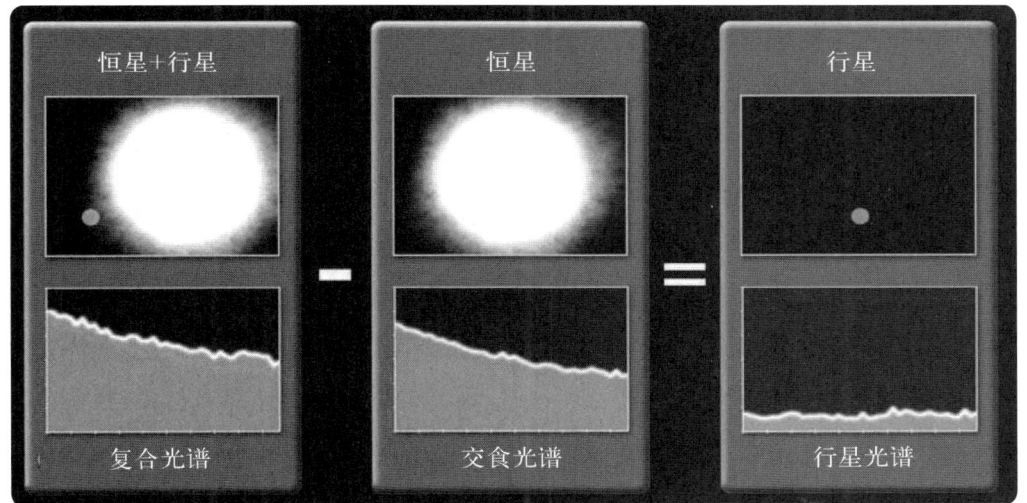

| 恒星+行星 | 恒星 | 行星 |
|---|---|---|
| 复合光谱 | 交食光谱 | 行星光谱 |

通过分析恒星周围光谱的变化，天文学家可以判断这颗恒星附近是否有木星大小的行星在绕其运行。

围是否存在绕行的行星。天文学家已经通过这种方式发现了数百颗系外行星。

 ## 系外行星系是什么样的？

系外行星系与我们的太阳系非常不同——至少从天文学家迄今为止所能观测到的情况来看是如此。例如，已发现的系外行星系中的大多数都有巨大的气态巨行星，它们的轨道十分接近恒星，比水星绕太阳运行的轨道更近。仅这一特征就足以摧毁这些行星系内层的所有类地行星。

 ## 系外行星系对我们了解太阳系有哪些帮助？

系外行星系的研究已经彻底改变了我们对行星系通常样态的认知。在发现系外行星之前，天文学家只能参考我们的太阳系，因此所有的理论模型都将太阳系视为所有行星系的基本模板。现在，已经发现了数百个系外行星系，但其中没有一个类似于我们的太阳系。尽管大多数科学家认为，类似太阳系的行星系终究会被发现，但至少现在已经清楚，有很大一部分行星系与我们的太阳系毫无相似之处。与几十年前相比，现在行星系和行星形成的理论模型更为多样。我们现在明白，尽管太阳系遵循与其他所有行星系相同的自然法则，但它却是宇宙中一个令人惊叹的特殊存在。

这是一位艺术家绘制的图画，图中展示了类木行星 HD 149026b 可能呈现的样子。这颗气态巨行星距离其主星较近，平均温度为 2 040 摄氏度。由于它的大气层吸收了来自恒星的大部分能量，因此它既炽热又昏暗。

 **人类有没有发现类似地球的系外行星？**

唉，还没有。即使使用目前最先进的技术，天文学家也无法直接看到系外行星系中的行星。然而，我们确实知道一点，迄今为止探测到的所有系外行星系中都至少有 1 颗大型气态巨行星，其质量大约与土星相当或更大，并且在距离主星非常近的轨道上运行。这些行星系中可能存在一些较小的类地行星，但目前我们既看不到也检测不到它们。一般来说，由于围绕太阳运转的物理定律与围绕任何其他恒星运转的物理定律相同，因此我们可以合理推测，在系外行星系中类地行星可能很常见。不过，在我们能够直接观测到它们之前，我们无法确定这一论点。

 **寻找类似地球的系外行星会遇到哪些困难？**

关于这一点，重要的是要认识到，迄今为止我们发现的所有系外行星系都受到我们探测技术的限制。我们实际上根本无法探测到太阳系外的类地行星的运动，只能确认那些体积和质量都大得多的行星的存在。天文学家在寻找系外行星方面的成果还受到他们所能投入的时间的限制。木星绕太阳公转一周需要 10 多年，因此科学家要探测到轨道与木星类似的行星，必须对一颗遥远的类似太阳的恒星观测 10 多年，甚至比这更长的时间。随着技术的改进，我们发现与太阳系非常相似的行星系的可能性会越来越大。

<h2 style="text-align:center">系外行星上的生命</h2>

 **"宇宙中的生命"指的是什么？**

"宇宙中的生命"这一概念代表着许多长期激发人类想象力的想法。这些想法包括（1）地球上的生命旅行到太空中，即进入外层空间；（2）地球上的生命（特别是人类）在太阳系或宇宙中的其他地方生活；以及（3）非地球生命，即外星生命，以及我们对它们的探索。

尽管自古以来人们就一直思考着这些问题，但直到最近人类才在这些领域取得重大进展。自 20 世纪 50 年代以来，我们已将火箭和卫星送入太空。自 20 世纪 60 年代以来，人类已经进入太空并安全返回地球。自 20 世纪 70 年代以来，我们已派遣人类在太空连续居住数周、数月甚至数年。自 20 世纪 80 年代以来，我们开始进行在科学上具有重要意义的地外生命搜寻。自 20 世纪 90 年代以来，天文学家已经发现了数百颗围绕除太阳以外的恒星运行的行星。

 **为什么我们经常说"我们所知的生命"，而不是简单地说"生命"？**

地球上支持生命存在的基本化学和环境条件，其参数范围极其狭窄。因此，人类只有一个狭隘的范式来判断生命是否可能存在。思想开放的科学家不能排除宇宙中可能存在依据完全不同的一套生物物理和生物化学规律运作的生物，而这些生物仍然符合人们普遍接受的生命定义。为了避免先入为主的判断，寻找外星生命的科学家通常将其工作限定为寻找"我们所知的生命"。

 **"我们所知的生命"是什么？**

讽刺的是，尽管天文学家们在寻找地球之外的生命，但是其实地球上的生物学家们尚未得出确切界定什么是"我们所知的生命"。生命的基本定义是：一个物体开始存在（诞生），随时间变化而成熟（成长），通过有序的过程复制自身（繁殖），然后结束其存在（死亡）。在地球上，所有经历这些阶段的物体都是通过核糖核酸（RNA）和脱氧核糖核酸（DNA）等大分子的复杂相互作用来实现的。然而，根据某些定义，有些地球上的物体虽然经历了这四个阶段，但可能并不一定是生命的，例如病毒就难以归类。在宇宙背景下，生命与非生命之间的界限可能更加模糊。毕竟，恒星也会诞生、成长、繁殖（以某种方式）和死亡。那么，恒星是生命吗？

 **要在系外行星上找到生命，我们需要了解它们的哪些方面？**

在当今天文学的所有研究领域中，系外行星研究是最新的也是最引人入胜的领域之一。与此同时，地外生命搜寻一直被视为科幻小说和猜想的范畴，直到最近才成为科学研究中合法、可行的课题。将系外行星和地外生命搜寻这两个主题结合起来，即在系外行星上搜寻生命，无疑仍处于起步阶段。对于为了发现系外行星上的生命我们需要了解什么，我们还只有一些有根据的猜测。然而，归根结底，这个问题就和天文学中所有激动人心的有趣的课题一样：我们需要回答的问题，正是我们尚未提出的问题。

 **当天文学家寻找外星生命时，他们在寻找什么？**

以目前的技术水平，人类还无法寻找单个生物体。因此，当天文学家寻找外星生命时，他们的目标是生态系统，即其他星球上可能孕育生命的环境。据我们所知，生命离不开 3 个基本要素：液态水、持续而温和的热量来源，以及碳、氮、硫和磷等基本化学元素（液态水还提供氢和氧）。如果地球上任何地方同时满足这 3 个条件，那么就不可能没有生命。推而广之，在宇宙中，满足这些条件的环境也很可能孕育着我们所知的生命。

 **为什么我们假设如果在系外行星上发现与地球相似的条件，那里就会有生命存在？**

宇宙研究，也许特别是对宇宙中生命的研究，往往依赖于一个关键的假设，即哥白尼原理。这一原理以提出地球不是宇宙中心的波兰天文学家命名。哥白尼原理假定宇宙中的任何地方都遵循相同的自然法则，地球也不例外；换而言之，"我们并不特殊"。这意味着，如果生命在地球上形成是因为地球具有某些特性，那么任何具有这些特性的其他行星也同样能支持生命的出现和发展。主要问题是：哪些特性是重要的？科学家认为，地球上生命的关键是液态水、合适的化学物质和稳定的能量供应。然而，这些真的是生命存在的必要条件吗？这

天文学家已经发现了周围环绕着大量水蒸气的年轻的恒星系统。这幅艺术家创作的图画展示了 NGC 1333–IRAS 4B 星系，其周围的水蒸气足以填满 5 个地球上的海洋。

些条件下又能诞生什么样的生命？这些我们都无法确定。如果地球上的生命只是沿着众多可能路径中的一条演化而来呢？天文学家甚至可能无法识别其他行星上的生命！

 **怎样将哥白尼原理应用于不围绕恒星公转的系外行星？**

　　天文学家发现，系外行星的运行轨道非常奇特（例如，气态巨行星围绕其主星公转的距离远小于水星绕太阳公转的距离），这表明行星通常会离开它最初的轨道。这意味着，行星也常因与其他迁移行星的引力相互作用而被甩出其行星系，这就像一场行星间的台球游戏。尽管这种情况在我们的太阳系中已经有数亿年没有发生，但哥白尼原理表明，有一天，我们的太阳系也可能经历这样的剧变。

　　如果这种行星被甩出行星系的情景是真实的，那么可能会有数十亿颗流浪行星在星际空间中穿行，不再受孕育它们的恒星的引力束缚。如果这样的行星拥有厚地壳和地下液态海洋，那么在这些行星内核深处的潮汐或地热过程可能会加热海洋，从而创造出一个在银河系中自由穿梭、生机勃勃的生态系统。这样的行星会有一天穿过我们的太阳系吗？可能性微乎其微，但并不为零。

**"伽利略号"探测器在探测遥远星球的生命方面有哪些发现?**

1990 年 12 月"伽利略号"探测器飞掠地球期间,天文学家将它的仪器和相机对准了我们自己的星球。探测器上的传感器能够测量到生命的迹象:大气中富含 2 种高度活泼的气体——氧气和甲烷;植物发出的绿光反射到地表,覆盖了大部分陆地;它的雷达探测器注意到电磁频谱狭窄波段内存在大量无线电波辐射——这些信号太有规律了,不可能是闪电、极光或其他自然能量爆发产生的,这说明了智慧生命之间的通信。未来的太空探测器在搜寻地外生命时,将把这些"伽利略号"探测器获得的数据作为参考基准。

 **系外行星的发现对搜寻地外生命有哪些影响?**

自 20 世纪 90 年代首次明确发现系外行星以来,已经发现了数百颗系外行星。在这些探测到的行星中,有数十颗被证实存在于围绕单一恒星运行、包含多颗行星的系外行星系中。这些发现彻底改变了科学家对地外生命的看法。一方面,如果存在如此多的行星和如此多的多行星系,那么一定存在像我们的太阳系一样的行星系,并且它们也可能孕育着我们所知的生命。另一方面,迄今为止发现的系外行星系之间存在的显著差异表明,科学家过去可能对能够孕育生命的环境考虑得过于狭隘。天文学家现在不再仅仅局限于在类似太阳系或像围绕太阳运行的行星那样的系统中搜寻生命,而是更加广泛和创造性地思考在宇宙中寻找生命的方法。

 **是否已经发现围绕恒星运行的、位于宜居带内的行星?**

宜居带是恒星释放的热量能使行星表面的水保持液态的区域。目前已发现的系外行星所绕行的大多数恒星周围,都存在宜居带。然而,被发现的系外行星中几乎没有一颗在其恒星的宜居带内运行。不过,2007 年 11 月,人们在巨蟹座 55 这颗恒星周围发现了一颗行星,它似乎位于宜居带内。我们几乎可以肯定,这颗行星是一颗气态巨行星,而非类地行星,其质量至少约为海王星的 2 倍。但是,就像我们太阳系中的气态巨行星一样,它可能拥有绕其运行的卫星,这些卫星可能具有岩石或金属的地壳和地幔。如果这些卫星存在,那么它们可能含有液态水。因此,在其主星提供适量热量和光照的条件下,在这样的卫星上也可能孕育生命。